ホームエバー女性労働者たち510日間のストライキの記録

외박
weabak

外泊外伝

外泊外伝編集委員会：編

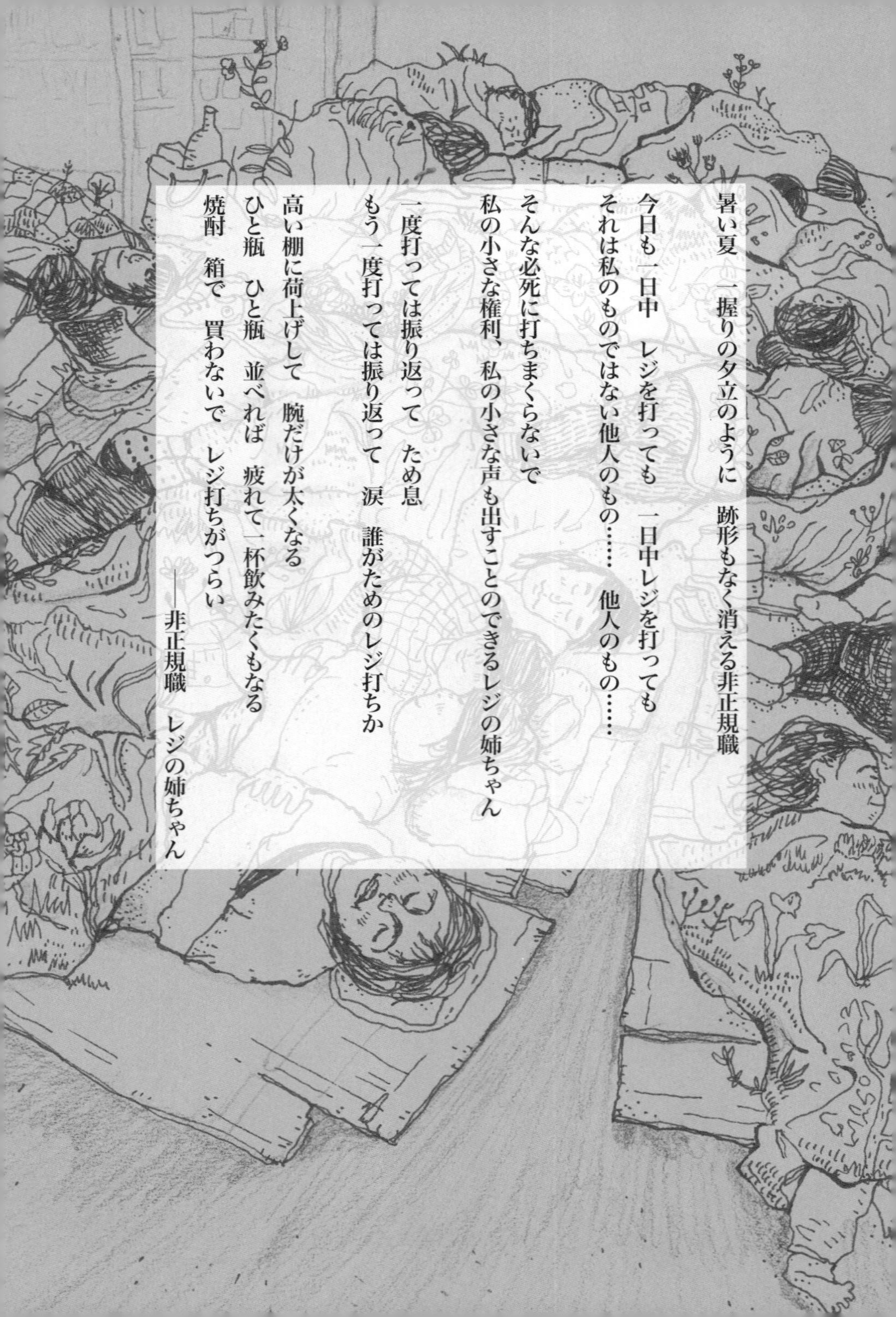

暑い夏　一握りの夕立のように　跡形もなく消える非正規職

今日も一日中　レジを打っても　一日中レジを打っても
それは私のものではない他人のもの……　他人のもの……

そんな必死に打ちまくらないで
私の小さな権利、私の小さな声も出すことのできるレジの姉ちゃん

一度打っては振り返って　ため息
もう一度打っては振り返って　涙　誰がためのレジ打ちか

高い棚に荷上げして　腕だけが太くなる
ひと瓶　ひと瓶　並べれば　疲れて一杯飲みたくもなる
焼酎　箱で　買わないで　レジ打ちがつらい

——非正規職　レジの姉ちゃん

発刊趣旨

私たちにとって……『外泊外伝』とは?

『外泊外伝』はドキュメンタリー映画「外泊」[*1]の「裏面」あるいは「外側」に目を向けるためにつくられました。あのときにはよく見えなかったこと、過ぎてようやく見えるようになったり、仮に見えていてもどうすることもできなかったこと。そんな「うんざりする繰り返し」をもうやめにするために、今後私たちが見落としてはならないこと。そういう大切な記憶の断片とでもいえばいいでしょうか。

ただの備忘録かと思う人もいるでしょう。しかしこの数々の断片は、今後どのように組み合わせていくのかによって、「生きている私たち」にとって、各様各色の情熱を帯びた、胸躍る種になるかもしれません。その意味で、『外泊外伝』は二〇〇七年六月夏の占拠ストに挑み、またこれに連帯した当事者たちの隠された声に耳を傾けようとしました。

読者のみなさんには、おそらく『外泊外伝』のあちこちに待ち構えている、時に回り道をしているかのような、時にストレートな、さまざまな問いと出会うことになるでしょう。そのなかで、この冊子を作成した編集委員たちをはじめとして、この冊子を読むみなさんが、そしてまた私たちが「別々に、そして一緒に」対話することができるよう願っています。「どうやってあの人たちを助ければいいんだろう」ではなく、「今、何をすべきか」を語りあえるように。

「みんな一緒に」という言葉がもつべき真の力も、おそらくこの只中に、時に静かに、時に騒がしく生み出されるであろうと信じています。

「メメント・モリ(死を記憶せよ)」という言葉がいつにもまして胸に染みる二〇〇九年の年の瀬に

『外泊外伝』編集委員会一同

*1 二〇〇九年、七三分、キム・ミレ監督、韓国映画。日本語字幕付DVDは、FAV連連影展より発売中。renrenfav@yahoo.co.jp

『外泊外伝』目次

撮影を終えて

ドキュメンタリーとテキストのあいだ

キム・ミレ（「外泊」監督）

土方だった父、その生き様をみながら成長した私は、この社会で弱い立場に置かれざるをえない労働者たちとともに、この社会を変えていく運動をしようとした。そうこうしているうちにカメラを手に初めて訪れたところが労働運動の現場だった。そこで一〇年以上の月日を過ごした。労働者のストライキは毎年、季節の変わり目ごとに行われた。「闘争《とうじぇん》」と「スト」を叫ぶ彼らの力強いシュプレヒコールと労働歌が、今も耳の中にこだましている気がする。赤いハチマキを締めて決意に満ちた表情を浮かべ、組織的で戦闘的な身振りで動く彼らは、男性だった。私は彼らの運動のやり方に慣れ、同時にいつも変わることなく繰り返されるそのやり方に単調さと乾きを感じた。

男性－正規労働者中心の労働運動が力強く繰り広げられていくなかで、労働者の雇用形態は多様化されていき、民主労総[*2]率いるゼネストはあまりうまくいかなくなっていった。他方で非正規労働者の数も急速に増加していたが、その多くは女性だった。民主労総は非正規労働者を組織し闘争を展開したが、敗北と挫折が続いた。二〇〇〇年の半ばを過ぎたあたりから、民主労総も進歩・改革派の政党も労働運動の危機に直面するようになった。

＊2　正式名称は全国民主労働組合総連盟。一九九五年一一月に設立。韓国労働組合総連盟（韓国労総、一九四六年設立）とともに、韓国の労働組合のナショナルセンターのひとつであり、戦闘的なことで知られる。二〇一〇年一一月現在で加入労働組合数は一七六八組合、組合員は六七万七七九〇人。韓国労総が労働者のために活動できていないとの不満をもった人々が一九九〇年に結成した全労協（全国労働者組合代表者会議）を前身とする。

外泊

イーランドグループ[*3]は、二〇〇三年末、ニューコア百貨店[*4]を買収してニューコア・アウトレットとし、二〇〇六年四月にはカルフール[*5]を買収してホームエバーへとその名を変え、新しい労務管理を導入して営業利益をあげていった。しかしイーランドの労務管理の仕方は女性労働者たちにひどい屈辱感を与え、彼女たちの自尊心を傷つけるものだった。二〇〇七年には非正規職保護法[*6]の施行を前に、イーランドグループは大々的な契約職の雇止めと外注化を進めた。一緒に働いていた仲間がある日涙を拭って声なく消えていく光景を目にしながら、彼女たちは同じ系列社のニューコア労組との共同闘争のためにゼネストに突入した。

女性労働者たちのスト隊列はだんだんと増え、売り場を占拠し立てこもるに至った。子どもの世話や家事のために家に帰っては立てこもりの現場に戻ってくる彼女らは、まるで公的な仕事を終えて一息つける休憩所に帰ってくるかのようだった。彼女たちは立てこもりの現場で他の仲間がどんな暮らしをしているのかを知り始め、互いに配慮しあった。毎日新しい人と出会い、新しい関係を結んでいった。

名もなき女性たちの名前

彼女らを支持し彼女らと連帯するために多くの人がスト現場を訪れた。ホームエバーの店舗のうち、売り上げ第一位だった上岩店《サンアム》[*7]が当事者たちの占拠で闘争の場となったことを自分の目で確認した瞬間、誰もが感激した。訪問者たちはこの篭城の隊列を、しばしば「オモニ」〔お母さん〕や「ヌイ」〔男性が呼ぶ

＊3　「イーランド」を母胎とする韓国の流通企業グループ。創業者はパク・ソンス。一九八〇年代に梨花女子大学前の洋服屋から始まり、衣類、流通、建設など幅広い系列会社をもつ。二〇〇四年にニューコアデパートを買収、二〇〇六年にカルフールを買収（名称をホームエバーに変更）。ホームエバーは二〇〇八年にホームプラスに売却した。

＊4　一九八五年創業、二〇〇四年にイーランドグループに買収され系列会社となった。

＊5　フランス資本のスーパーマーケットチェーン。韓国には一九九六年に進出、二〇〇六年にイーランドグループに売却され、「ホームエバー」に名称を変更、二〇〇八年にさらに売却され「ホームプラス」となった。

＊6　二〇〇六年十一月

ときのお姉さん〕と呼んだ。お母さん労働者であり主婦労働者。いや、おばさん労働者であり非正規女性労働者。彼女らをどのように名づけるべきか、訪問者たちはみな困惑した。労働者というには何か変だし、かといってお母さんと呼ぶにふさわしい状況でも場所でもないような……。そのうえ彼女ら全員が既婚者か母親だというわけでもなかった。しかしみなが既婚女性であるかのように見做されもした。

既婚扱いとまではいかないが、それに似た感じを与える「ヌニム」〔お姉さん〕や「イモ」〔母方の親戚の女性を指す。たまに他人にも使用する〕という表現も、この「公的な」場所ではなんだか不似合いだとでもいおうか。このような戸惑いは、当事者たちも感じていたようだ。だから彼女たちは相手が受け入れやすいようなかたちで自分たちを名づけもした。あるときはお母さん、ある時はおばさん、というように。連帯を訴えるときにはお母さんや「何も知らないおばさん」になり、好意的なメディアや世論に訴えるときには「非正規職女性労働者」や「お母さん労働者」「主婦労働者」になった。では、彼女らが本当に呼ばれたかった名前は、果たして何だったのだろうか？

女性労働は影《シャドウ》なのか？

彼女たちは自分の労働について語るときに「おかず代」や「子どもの塾代」を稼ぐために、つまり「生計の足し」にしようとお金を稼ぎに来たという。闘争についても「うちの子が非正規労働者にならないようにするため」という言い方をする。闘争過程で彼女たちの仕事と闘争はどのように語られ、それはどのように受けとめられていたのだろうか？　彼女たちの労働をめぐる認識は、当事者をはじめとして皆に共通して「おかず代」「子どもの塾代」というところにのみ固定化されていたのではないだろうか？

三〇日、「非正規職保護法案」が韓国国会を通過し、翌年七月から「非正規職保護法」として施行された。政府（労働部。部は日本の省に相当）は、約五五〇万人（二〇〇六年現在、労働者全体の三五％）とされる非正規職労働者が、正規職労働者に比べて待遇・雇用安定等の面で差別的状況に置かれている状況に鑑み、その雇用状況や労働条件の向上を期待して立法作業を進めた。雇用期間が二年を超えた有期雇用者は無期雇用とする、派遣労働者も派遣先での雇用期間が二年を超える場合は直接雇用とする、などを主な内容とする。しかし企業側は同法の適用を回避するために、非正規職を大量解雇し、非正規職の業務を外注委託に転換した。結果として、同法はむしろ非正規職労働者から雇用を奪い、さらに劣悪な労このような認識を背景に、労働環境と労働条件の向上を掲げて闘争を始めた彼女たちが同意を引き出す方法もまた、「母」という表象を縁取るしかなかったようだ。スト中にも彼女たちは絶え間なく、家族と子どもの世話をきちんとできないことにたいして申し訳なさや罪責感を感じると口にした。この罪責感のせいで、自分の闘争に支持を得るための、さらなる名分を必要としたのである。外からの非難だけでなく、自分の中の葛藤を治めるためにも。このような状況におかれた彼女たちが、自分たちの要求に正直になり、自ら変化を作り出すことは、果たして可能だろうか？　可能だとしても、どれほどのものだろうか？

連帯

運動の経験など皆無の「何も知らないおばさん」たちがストを始めた。ストを始めたころ、この「おばさん」たちは集まりさえすれば多くのことを話したがった。あれこれと話していくうちに、互いに共感し自分たちが抱えていた疑問を確認していった。そしてどのようにすべきかを議論し、自分たちの力を拡大するために、同じ状況にある同僚たちを説得し、組織した。このストを支援するために、すぐに「闘争経験の豊かな上級団体[*8]と活動家」たちとのつながりができ、組織的な枠組みがつくられていった。かれらは闘争歌やスローガンを教えた。「離れては生きていけない。……同志の約束、頭蓋が二つ裂かれても守るんだ」「非正規職、撤廃せよ、団結、闘争」といったスローガンである。かれらは会議も討論も組織のやり方で進めようとした。この不慣れなやり方と言葉遣いを前に、「何も知らないおばさん」たちは、いくらも経たないうちに気後れしてしまった。

働環境に追いやるという深刻な副作用を生んだ。

＊7　ソウル市麻浦区上岩洞（「洞」は日本の「町」に該当）にあるワールドカップ競技場一階のホームエバーの支店を指す。ワールドカップ店とも言う。映画「外泊」占拠闘争の現場となった店舗。

＊8　ここでいう「上級団体」とは、民主労総を指す。

民主労総は男性正規労働者がやってきたような闘争の仕方を、女性労働者が中心のイーランド闘争にも持ち込んだ。力で資本と渡り合うためには、個人よりも組織を優先するべきだという論理。これは自身の状況をよりよく変えていこうとする当事者を後ろで支えるのではなく、自分たちが決めた枠の中へと引き入れるものに見えた。組織の力のために人々を引き入れるか、引き込まれない人々は切り捨てるというやり方。

中に入っても組織内部の派閥闘争やいざこざに巻き込まれて傷つけられるかもしれないような、組織と派閥を第一とする連帯。場がそうなると、自分の不当な状況を変えようとしていた人々は自らが対象化されていると感じやすい。一度そう感じてしまうと、人は、ひどくは自分たちが利用されているのではないかとの疑心暗鬼に陥ることもある。

韓国の労働運動家がイーランド闘争に示した連帯は、本当に熱かった。多くの悩みを抱えながら連帯する人々、現場の組合員、地域活動家、団体職員、進歩政党の党員[*9]、そして声はなくとも個人的に支持と連帯の力を添えてくれた多くの人々。民主労総指導部や進歩政党指導部の連帯の真摯さを疑っているのではない。むしろ重要なのは、その真摯さによってなされた支持と連帯が、当事者たちの心をどれだけ動かしたのか、である。真摯さこそすべてであるかのように、気持ちを分かち合おうとしない支持や連帯が果たしてどれだけ当事者たちの力になっただろうか。どれだけ有効だっただろうか?

＊9　革新派の政党全般を指す。「進歩新党」もそのひとつだが、こちらは一政党名である。

空振りする闘争、空回る日常

闘争の過程で彼女たちは伝統的な運動スタイルで鍛えられた。スローガンの書かれたおそろいのベストを着て、力強く闘争スローガンを叫び、戦闘的な歌を歌った。最初は不慣れだったことにもしばらくすると慣れていき、彼女たちの姿は少しずつ変わっていった。以前は我慢してやり過ごしていたことにも果敢に立ち向かって白黒はっきりさせようとするようになったり、友達や家族との意思疎通がうまくいかなくて衝突するようになったり……。闘争と日常生活は、しょっちゅう不和の沼に入りこむ。

ストの時空間。そのなかで労働者は、資本主義社会で自分がどのように生きてきたのかを振り返り、考える時間をもつことができる。しかし彼女らは毎日毎日キツキツに詰められた闘争スケジュールを消化することで精いっぱいだった。この過程で労働運動というものに否定的なイメージを抱いて運動から離れる人も出た。労働運動が自分の暮らしを良くしてくれるわけではないという認識をもつようになった人々。そういう人々は、闘争に参加する前より保守化することもある。

ストが長引き、始まった当初にストの原動力だった差別にたいする怒り、そこから生じた差別是正と雇用安定の要求は、さらに多様化した要求と混ざり合って薄れていった。何よりも生計の厳しさが現実問題として迫ってきた。労組は生計の問題を解決するために資金づくりに集中せねばならなくなった。彼女たちは闘争を続けるのか、あきらめるのか、でなければストを続けながら生活費を稼ぐためにアルバイトをするのか、選択を迫られた。どれを選ぶにせよ、誰もが胸に傷を抱え、大変な日々を続けねばならなかった。何のために闘うのか？　絶え間なく問い返した。ついにストは終了し、彼女たちは仕事場に、そして家に戻った。素早く仕事の感覚を取り戻しつつ、ストの時間を消していったが、ストの過程で知った労働者の権利や意識は仕事場での力になったようだ。しかし家では「外泊」のためにきちんとできなかった家事と子どもの世話を、より一生懸命しているという。前よりも顔色を伺って、罪人のように。なぜ？　なぜ日常生活は変わらないのだろうか？

春、そしてその後

五一〇日間の長い外泊を終えて、旧ホームエバー女性労働者たちは仕事場に、そして家に戻っていった。彼女たちの、未だ整理できない経験と癒されない傷について語ることは難しい。ホームプラスとの合意過程で組合員の現場復帰を条件に勧奨退職を受け入れねばならなかった指導部たち。ホームエバーを買収したホームプラスは、影響力のある指導部の中心メンバーを排除、三年間はストを行わないという条件で合意した。これ以上女性労働者たちのストが起こらないようにと望んだのだろう。勧奨退職を受け入れるほかなく、仕事場を去るしかなかった指導部メンバー、そして指導部の「犠牲」を代価に雇用を保証され仕事場に戻ることになった組合員たち。それぞれの胸に残った、簡単には表現できない申し訳なさ、怒り、罪責感。こうして、二〇〇七年の韓国社会を熱くした彼女たちの長いストライキは幕を閉じた。

Kさんは上岩《サンアム》店での立てこもりを振り返って、その時はまるで「暖かい春の日」のようだったと語った。Hさんはその時を「後でどうなるかわからなかった分、ただただ楽しかった時間」だとも言った。その時間を「暖かい春の日」と感じさせた、それまでの暮らしとはいったい何だったのだろうか？　そして、その時間の後に、彼女たちの暮らしはどれだけ花を咲かせているだろうか？

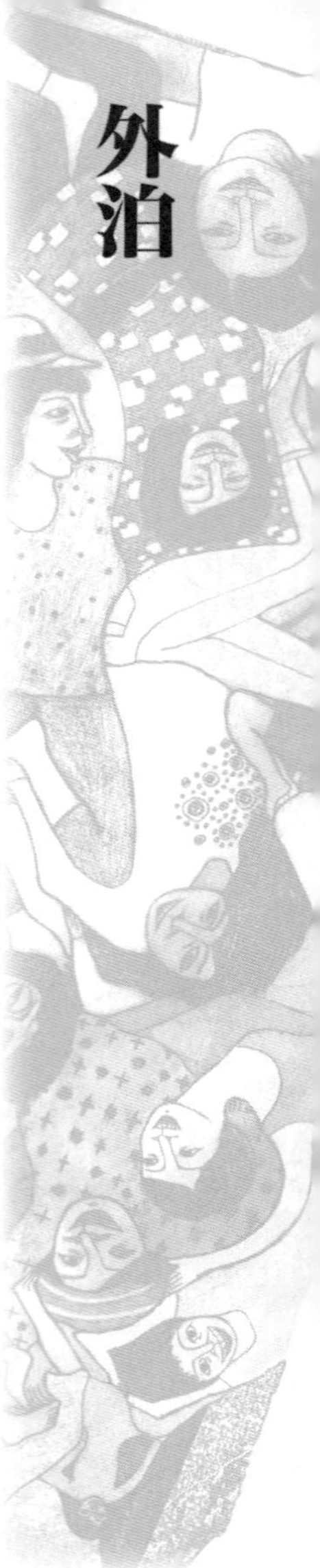

外泊

未だ終わらぬ闘いの年代記、一九九六〜二〇〇九
——カルフールからホームエバー、そしてホームプラスまで

イ・ギョンオク（ホームプラス解雇労働者／前イーランド一般労組副委員長）

一九九六年、世界第二位の多国籍流通業者であるフランスのカルフールは、先進的な流通業を韓国に伝授するとしてＴＧＶ*10と共に韓国に進出してきた。その当時、流通業界で世界第一位だった米ウォルマートも入ってきた。この時まで流通市場といえば古くからある地元の市場とデパート、中小のスーパーマーケット、コンビニくらいしかなかった韓国にとって、大規模なスーパーマーケットは新しい経験だった。あらゆる買い物を一度に済ませることができ、デパートよりも安く買えるディスカウントショップとして、カルフールは私たちのもとにやってきた。

グローバル流通企業カルフールの韓国進出
一九九六〜二〇〇六年

一九九七年にオープンしたカルフールは、一号店の中洞《チュンドン》店を皮切りに、破竹の勢いで店舗を拡大し

*10　ＴＧＶはフランスのＧＥＣアルストム社の高速鉄道。韓国高速鉄道ＫＴＸの車体として採用された。

ていった。同年、時を同じくして二号店となる一山《イルサン》店で労働組合も結成され、活動を始めた。しかしカルフールはかつてのフランス植民地時代と同じ考え方をもっていたので、労働組合を認めず、弾圧にのみ血眼になった。多くの人が労組に加入しても、懐柔と脅迫によって脱退させることを繰り返したため、労働組合は何もできなかった。それにもかかわらず、一九九七年、大田《テジョン》の斗山《ドゥサン》店（三号店）では会社側の一方的な配置転換措置に抗議して地域の同志たちとの連帯により、太鼓やクェンガリ〔金属製で手のひらサイズの伝統楽器〕まで持ち込んで売り場での闘争が繰り広げられた。準備もなくなされた斗山《ドゥサン》店での闘争は、あっけなく蹴散らされ、この事件を機にその後労組の支部を作ることができなくなった。

フランス資本のカルフールが店舗をひとつずつ増やしていった背景には、韓国の労働者たちの血と汗が流れている。「超過勤務手当」などないのが普通で、フランス生まれの店長や部長は韓国人を無視していたし、これは事実上、人種差別であると言っていいほどの酷さだった。流通業の特性として、店舗オープンの際には多くの人員をフルタイムで働くパートタイマーとして採用するのだが、「仕事ができれば三ヵ月後には正社員にしてやる」と言っては、人がどっと押し寄せる開店直後の喧騒が終わりを迎える三ヵ月目になると、あれこれ理由をつけて再契約せずに追い出した。新店舗の開店のたびに繰り返されるこの「たった三ヵ月の人生」は、今も続いている。その代わり、生き残った非正規労働者たちは三ヵ月後になれば正規職になれるかと、今か今かと待ちわびながら、残業代ももらえずに上司の顔色を伺いながら骨身を削って働きづめねばならなかった。これまで生き残った女性正規職労働者のほとんどは、このようにして非正規職から正規職になった人々である。

カルフールは店舗が独自に、たとえば入社順序などによって、かろうじておこなってきた正規職への転換を、二〇〇三年からはほとんどなくした。期間の定めなく永遠の非正規労働者をし続ける人々が存在するようになったというわけだ。カルフールは店長も部長も本国フランスに行けば労組の組合員なのだが、韓国では労働組合を認めなかった。団体協約もなかったので、それこそ開店休業状態の労働組合だった。が、結成されれば潰されることの繰り返しだったなかでも、支部はだんだんと増えていった。支部ができて組合員になる理由には、労働者たちを植民地住民のように低賃金でこき使い、ないがしろに扱うことへの怒りもあったが、フランス人管理者の手先になって悪質な労務管理に手を貸す韓国人管理職たちの弾圧への不満もあった。結局、このようにやられてばかりではいられないという思いから、一山《イルサン》の中央労組と各支店の支部の幹部一〇人が果敢にも幹部ストライキに突入した。二〇〇二年五月末のことだった。

一山《イルサン》店中央労組の組合員たちには闘争の経験があったが、支部の側はまったく闘争をしたことがなかった。しかし、労組の歴史上初の三〇〇日ストをおこない、全国にその名を轟かせた。労組があるということさえ知らなかったカルフール労働者たちに労働組合の存在を知らせることだけでも、スト闘争の意味はあった。ストの中心になった幹部三人が最後まで残って、日本の赤軍派のようだと言われながらも支部でテントを張って立てこもり、高い所に登って立てこもり＊11、店舗巡回闘争を粘り強くおこなった。結局、カルフール側の譲歩を引き出し、二〇〇三年四月には団体協約が結ばれた。労組ができてから七年が過ぎていた。

当時、労働組合規約によって非正規労働者の労組加入の道は開かれていたが、団体協約の対象に含ませることはできていなかった。組合員が合わせて五〇人やそこらの状況では、無理からぬことだった。しかし、闘いのために店舗に入り込むことそのものが基本的に肉弾戦だったことを思い起こせば、もはやそんなことを心配している場合ではなかった。少なくとも団体協約があるということは、本当に大きな力だった。闘争の中でこそ組織は拡大されるということを立証するかのように、組合員はどんどん増えていった。現場の不満を無視していたカルフールが組合員増加を後押ししていたのも事実である。正

＊11　人々にアピールするために高いビルや塔に登って長い垂れ幕を垂らして主張すること。

規労働者とはいえ年俸一二〇〇万ウォン〔約一五〇万円〕がほとんどだった女性たちは、売り上げが伸びない日には男性管理者から「年取ったおばさんから切っていくぞ」と言われもした。女性たちには生理休暇があるから男性職員が必要だと、くじ引きで配置転換されるという屈辱も味わった。

カルフールは昇進を求める女性たちを昇進対象から外した。女性たちは小遣稼ぎに来ているだけだから、若い男性職員を優先するとのことだった。カルフールは給与体系が月給制だった。[*12] よって、入社後に職級が上がらなければ一〇年目の職員も新人と同じ給与だった。非正規労働者は最低賃金に毛の生えたくらいの時給だった。同じ仕事をしながらも賃金や福祉、ひどくは盆正月に支給される商品券にも差をつけられた。けれども文句ひとつ言わず働かねばならなかった。不満はだんだんと大きくなっていった。

労組は毎年の賃金交渉で、このような差別の撤廃を要求し、正規職との差別をなくそうとした。組合活動にたいする非正規労働者の関心は徐々に高まり、それは組織化にもつながったが、その過程は社に知られぬよう徹底して非公開だった。二〇〇四年、週五日(四〇時間)闘争、そして二〇〇五年には二回目の団体交渉を経て、多くの支部が結成され、闘いをともにした。初の三〇〇日スト闘争は幹部闘争と連帯闘争[*13]を軸になされたが、その後の闘争は徹底して組合員たちとともにつくっていくものだった。闘争力のある幾つかの支部は、自分たちだけで要求事項を飲ませていきもした。二〇〇六年三月三一日、ついに非正規労働者を労組加入対象に含めるという内容で団体協約が締結された。正規か非正規かにかかわらず、皆が現場で部分ストや私服勤務、抗議の印としてリボンをつけて働くなどの闘争をおこない、カルフールにプレッシャーをかけた結果だった。組合加入数は一〇〇〇人。団体協約を引き出したあの時から、現場を組織しようと駆けずり回った成果だった。しかし、そんな喜びもつかの間、売却されるとのうわさを否定していたカルフールは、同年五月、店舗をイーランドグループに売り渡すことにした

*12 韓国では年俸制を採るところも増えている。

*13 幹部闘争とは、組合幹部のみが要求事項を決め闘争方針を立て、これを組合下部に流し、組合員を動員するような闘争、または幹部のみで行うストのことで、組合員(大衆)が主体となる闘争ではないことを指す。連帯闘争とは、他の組合が趣旨に賛同して行う闘争を指す。

と電撃発表した。

絞り上げろ、そうすれば繁盛するって?:カルフールからイーランドグループ・ホームエバーへ
二〇〇六〜二〇〇八年

これまで売却先とされてきた会社ではなく、イーランドグループに売却されたという事実を、誰もが信じたがらなかった。団体協約には、会社の売却時にも労組および団体協約は継承され、雇用もまた継承されるとの条項を入れておき、いざという時のために備えてはいたが、そんなものは反故にされるのが常だった。イーランドグループにありながらもそれぞれ別の法人事業所で結成された四つの労働組合のうち、ヘテ流通[*14]を除いて、ニューコア、イーランド、カルフール労組はすぐに会合を持ち、共同闘争を決議した。労組を「悪魔《サタン》」[*15]視するイーランド経営陣を相手に、労組を守るための共同闘争が三社の組合員によって進められた。しかし共同闘争は、単に一緒に闘うだけという限界をこえられず、三社の労組の統合が課題として浮上した(参考までに、労組加入が本人の自由意思に任されているオープンショップ制だったカルフール労組およびイーランド労組とは違い、ニューコア労組は労組加入を義務化したユニオンショップ制を採っていた)。

三社の労組を統合しようということに異論は出なかった。しかし、すぐに統合することは難しく、二〇〇七年の間は共闘することにして、まずは信頼関係をつくり、現場の要求を聞きながら統合していくという方針を採った。ただ、カルフール労組とイーランド労組は二〇〇六年一二月、先に統合することにした。ニューコア事業所を除いて、イーランドグループで働く直接・間接・用役[*16]労働者のすべてを加入対象とする小産別労組のかたちを採った。ホームエバー支部(旧カルフール労組、一一五〇人)とイーランド支部(旧イーランド労組、五〇人)からなる「イーランド一般労働組合」は、このようにし

*14 ヘテ製菓を母体とするヘテグループ傘下企業のひとつだった。一九九七年にヘテ製菓が不渡りを出し、グループは数社を残して解体。ヘテ流通は二〇〇六年にイーランドグループに買収され、「キムズクラブマート」に改称、キムズマートとして知られるスーパーマーケットを全国に展開。

*15 イーランド会長のパク・ソンスは熱心なキリスト教信者である。支店ごとに、従業員の休憩所をつぶして祈祷室を作ったりもした。「聖書には労働組合などない」と発言し、国会監査などの場に出てこなかったこともある。彼の考えでは、労働組合は「悪魔(サタン)」であり、組合つぶしの行為のなかで「悪魔」という言葉が頻繁に登場するのはこのためである。

*16 用役とは、法律用語としては警備業法、公衆衛

て誕生した。

　現場の要求に先だって労組統合をすることになった最大の理由は、イーランドグループ経営陣のやり口を誰よりもよく知る旧イーランド労組と現場対応を共にする必要があったためである。二〇〇六年一〇月、カルフールを買収したイーランドグループは、労働組合が要求した雇用安定協約書を拒否した。店舗リニューアル工事によって職員たちの休憩所と仮眠室をなくし、祈祷室〔註15参照〕を作ったかと思えば、一方的な部署配置転換も一度や二度のことではなくなり、職員たちの不満は頂点に達した。また、非正規労働者にたいする差別も露骨だった。非正規労働者は職員割引のみならず社内教育の対象からも除外された。それまで風のうわさとしてのみ知られていたイーランドグループの実体を、身をもって経験したというわけだ。そんななかで、二〇〇七年五月、継承事項として団体協約に明示された勤続一八ヵ月以上の非正規職労働者にたいする雇用保障条項が破棄され、イーランド経営陣が組合員を解雇するという事件が起こった。ホームエバーでは間接雇用だった清掃員五〇〇人以上を、ニューコアでは三五〇人のレジ担当労働者を解雇し、雇用の外注化を進めたのである。カルフールという大企業を無理に買収したイーランドグループの借金経営によって、労働者たちは何の非もないのに死地に追いやられたのである。そのうえ、それは継承事項だった団体協約条項を一方的に破棄したという点で、明らかな違法行為でもあった。

　あまりに強引なイーランド社のやり口に対して、ニューコアとイーランド一般労組は統合しての闘争が難しい状況だったにもかかわらず、共に闘うことを決めた。そして六月二三日、全面共同ストに突入した。解雇されたホームエバー非正規労働者にたいして地方労働委員会が不当解雇判定とともに原職復職命令を出したが、イーランドグループは受け入れを拒否した。労組は原職復職を要求し、幾度も売り場を奇襲占拠したが、イーランド経営陣は眉ひとつ動かさなかった。そのうえ、四月から進められてい

生管理法などで「用役業」といった形で使用されており、「（サービスの）代行」を指す。通常は「労働力を利用する」という意味、すなわち「お雇い」や「派遣」的な意味で使われる。直接雇用ではなく間接雇用がほとんどで、掃除や警備などのサービス業を指すことが多い。

た賃金交渉さえ回避し、労働組合に無視を決め込んだ。

月給といっても八〇万ウォン〔約九万円〕ほどにしかならなかったのに、売り上げがアップして会社が上手くいけば自分の状況も良くなると信じて、目いっぱいの差別にも自尊心をもって耐えてきた非正規労働者たち。彼女らはまたもや不安定になってきた生存権を守るために闘いを余儀なくされた。正規労働者にもこれら非正規労働者の解雇、あるいは雇用外注化計画は、非正規労働者だけの問題ではないと感じられた。このような思いから、六〇〇人ほどの組合員が集まって二〇〇七年六月三〇日、一泊二日の予定で、当時売上トップだった上岩《サンアム》店の占拠篭城に突入した。蓋をあけて見れば非正規労働者の保護ではなく企業の非正規職悪用を保護するにすぎない非正規職保護法が施行される一日前だった。

組合員たちの自発的な要求によって占拠篭城は無期限となり、警察によって二〇日目に強制解散させられはしたが、この経験はその後五一〇日間のストをやり遂げる下地となった。それまで家と職場をハムスターの車輪運動のようにくるくる回っていた生活から抜け出て、同じ売り場にいながらもよく知らなかった仲間のことをようやく知るようになり、見知らぬ人々の献身的で積極的な連帯に心が開かれたのである。その後、イーランドグループの暴走と、事実上これを支えていた政府のせいで、労組の幹部級組合員が逮捕され、組合員たちは行き場を失うはめになった。二〇〇七年末には組合幹部にたいする解雇が続き、ストの長期化が不可避となるなど難しい状況になった。二〇〇八年五月まで遅々として進まなかった闘争は、ホームエバーをホームプラス・サムスンテスコに売却する[*17]というイーランドグループの発表によって転機を迎えることになった。

＊17　サムスンテスコとは、大型スーパーマーケット「ホームプラス」と「SMホームプラス・エクスプレス」を運営しているイギリス資本の韓国流通企業。一九九九年にホームプラスを運営していたサムスン物産とイギリスの流通業テスコが出資した「テスコ・ホールディングス」（オランダ法人）の合資企業。二〇〇八年にイーランドからホームエバーを買収した。

「外泊」の終わり、あるいは新たな始まり?:ホームエバーから再びホームプラス・サムスンテスコへ 二〇〇八年〜

こうして、イーランドグループとサムスンテスコの両方を相手にして闘わねばならなくなった。しかし公正取引委員会の企業結合承認がなされるまでは労組との交渉の場には出ないというのが、イギリスのテスコグループと合併設立されたグローバル企業ホームプラス・サムスンテスコの立場だった。うんざりするような時間との闘いが夏を越え旧盆を過ぎた一〇月に入った頃、公取委からついに承認が下りた。ホームプラスと交渉する絶好の機会が来たのである。その頃、共同闘争を繰り広げていたニューコア労組の妥結の知らせ[*18]がニュースとなり、これまで文句も言わずに大変な闘争についてきていた組合員たちも交渉妥結にたいする期待を高めずにはいられなかった。じっさい、組合員たちはいつでも仕事場に復帰できた。ただ、それにもかかわらず、解雇された労働者たちと一緒に戻るんだという思いで残っていたのである。反面、それをよく知っている指導部としては、どんな手を使っても、組合員たちだけでも現場に返さねばならないという考えで一杯だった。新たに雇用主となったサムスンテスコとのあいだで集中的に交渉がおこなわれ、打開策が可視化してきた。「決断」の時が近づいていた。

闘争は、始めるのも難しいが終えることはさらに難しい。先頭に立って懸命に闘った指導部の中軸が解雇を受け入れねばならない岐路に立たされていたので、一段と難しく感じられた。解雇対象となった者たちは、労働組合と組合員たちのために、自分の問題を交渉代表の委員長に果敢にも委任した。解雇者(二八人)のうち一六人が「生者」に、(幹部級組合員?)一二人(自己都合退職応諾三人、勧奨退職応諾八人、勧奨退職拒否一名)は、「死者」の名簿に載せられることで、テント篭城一三七日を含む五一〇日間の闘争は一段落した。合法的になされたストとしては韓国で最も長いストだった。ある者は、この闘争は結局負けたのだという。しかし、そうだっただろうか? 入社して一六ヵ月以上の非正規労

*18 二〇〇八年八月二九日(スト開始から四四三日目)、ニューコアの労使は、レジ業務の外注化によって契約が満了した非正規職三六人を再雇用することなどで合意した。合意内容には子どもの学習補助費支給、妊娠した女性職員に手当を支給するなど福利厚生面の充実化が含まれていた。しかし、「労組が二〇一〇年までストを行わないことを宣言する」との文言が入った労使関係定立のための労使和合共同宣言が採択され、また争点となっていた懲戒解雇者一八人の復職と、会社が労組と組合員および連帯団体を相手取った損害賠償請求に関しては言及されなかった。

働者は自動的に無期契約に転換することになったし、二〇〇〇人に達する非正規労働者たちの雇用安定を勝ち取り、賃金引き上げとともにイーランドグループから求められていた一三〇億ウォン〔約一五億円〕相当の損害賠償仮差し押さえを取り下げることにも合意した。

数奇な運命を駆け抜けたカルフール労働組合は、事業場所有主がイーランドグループ・ホームエバーからホームプラス・サムスンテスコへと再び変わったことを受け、名称もイーランド一般労働組合からホームプラス・テスコ労働組合へと変えた。旧イーランド労組はイーランド一般労組の名称を維持することにし、二〇〇八年一一月三〇日、別の労組となった。ホームプラス・テスコ労組では五一〇日ストを最後まで共に闘った一八六人を含む六〇〇人の組合員が、ひるむことなく活動している。他方、ストの妥結を優先視して懲戒の意味の強い勧奨退職を受け入れたホームエバー解雇者たちは、惜しくも復職闘争さえできずにほとんどの人が生計に追われている状態だ。イーランド支部では、ホームエバーが売却されて交渉からも除外されたうえに、解雇当事者が指導部であることを理由にイーランドグループが対話さえせずに、新しい指導部がつくられた。イーランドグループを相手に、解雇者の復職闘争は今尚続いている。

未だ終わらぬ楽しさの記録＊

イ・テックァン（文化評論家、慶熙大学教授）

＊初出：「イ・テックァンの文化読解」『メディアの今日』(http://www.mediatoday.co.kr) 二〇〇九年四月一六日付。

キム・ミレ監督の新作「外泊」を、ソウル国際女性映画祭で見た。二〇〇七年を熱く燃えあがらせたイーランド闘争を撮ったドキュメンタリー映画である。客席は満員だった。上映終了後の討論会に参加したあるイーランド労働組合員は「正直言って、こんなに多くの人がこの映画を見るために来てくれるなんて思わなかった」と感激していた。しかし、聴衆のうちの誰かが指摘していたように、私たちにとって見慣れた労働運動という枠組みから見れば、「外泊」は「空しい記録」のように見えなくもなかった。内部の力量ではなく、外部の要因によって事態を収拾したことや、闘争が長期化するにつれて表面化した分裂の様相は、一角で語られるところの「強い労働運動」の姿とは少々異なるものだった。

映画はこのように「異なる」イーランド闘争のありようを堂々と見せている。監督のナレーションやＢＧＭをつうじて一方的に観客の共感を引き出すのではなく、闘争に参加した労働組合員たちの声を赤裸々に出していきながらストーリーを引っ張っていった。映画の焦点は闘争の様相よりはむしろそれに参加したメンバーたちの「楽しさ」に当てられている。イーランドの労働者たちは、立てこもるというよりは、笑い、楽しむ雰囲気を醸していた。一日中立ちっぱなしでレジを打っていた仕事場が、一瞬のうちに「テーマパーク」へと変わりうるということを、映画は興味深く見せてくれた。

このように、非正規労働者の労働運動とイーランド闘争という大きな物語が、具体的にどのように当事者の個別性と繋がっているのかを映画は探求していた。その意味で映画のタイトル「外泊」は思わせ

＊19「女性労働者映像報告書――飯・花・羊」、二〇〇一年、DV6ミリ、九〇分、イム・イネ／ソ・ウンジュ監督。現代自動車の労

ぶりである。映画に登場する一人の組合員は「(占拠篭城のせいで)生まれて初めて外泊した」と語っていたが、この言葉こそまさに映画の問題意識の核心だと思われる。もちろん、この語りがイーランド闘争の全体を表しているわけではない。しかし、新しい政治運動において重要な「主体」の問題を、この映画が正面から掘り下げていることは否定できない。

この映画を「フェミニストの映画」だと規定する人もいるかもしれないが、問題提起のレベルは「飯、花、羊」[19]を超えている。いうなれば、「外泊」は女性映画や労働映画のパラダイムとは別の側面をミクロに描き出す。映画がメスを入れる地点、それはまさに「家族」である。映画はイーランド非正規労働者たちが絶え間なく神聖なカテゴリーとして「擁護」する家族の問題に、客観的視線を送る。立てこもりが強制鎮圧された後に、夫に連れて行かれて二度とデモ現場に姿を見せなかった組合員のその後の様子を余すところなく見せているのは、このためである。

労働者が家に戻るか闘争現場に残るかをめぐって論争をしている姿も、ありのまま見せている。その場面は、イーランド闘争というものがスムーズに縫い合わされるような対象ではなく、非常に多様な欲望がぶつかり合い絡まり合う場であることを語って余りある。戦闘警察〔機動隊〕によって降り注がれる水鉄砲や戦闘警察のバスをロープで結んで引っ張る姿などは、かつてあれだけ知識人たちが称賛していた「キャンドル・デモ」の夜の光景を彷彿させるかのようでもあった。しかし、盛り上がった闘争の熱気や、すぐにでも叶うかのように思われた復職の希望は、無残にも消え去った。みんなの復職のために一部の犠牲者を許してしまうことで、イーランド闘争は、どこかしこりの残る過去としてのみ、胸に刻まれることになった。

労働運動の政治化という古典的な定式からすれば、イーランド闘争は失敗したと言えるだろう。そもそもイーランドの労働者たちは非正規職法案やこれを軸に展開した政治的問題について無関心だったり、

組食堂で働く女性組合員をテーマにしたドキュメンタリー映画。一九九八年、現代自動車労組内部で整理解雇に立ち向かい闘った過程で、食堂の労組の「おばさん」たちがどのように扱われ、彼女たちがどのように闘ったのかを克明に記録している。

経済危機が韓国を襲った一九九七年、翌年にはIMFの救済プログラムを受け入れるために大規模な整理解雇が行われた。現代自動車の整理解雇は大規模な事業場で実施された最初のものであった。蔚山の現代自動車労組は大きく力のある労組として知られており、整理解雇をめぐって労使のどちらが勝つのかが注目されていた。社側は数回にわたって希望退職を募集したうえで、さらなる整理解雇を断行しようとし、労組側は一人も解雇させないとし

甚だしくは批判的だった。自分の復職問題が政治化することを警戒する労働者の態度を、映画は淡々と見せている。こういったことからこの映画を空しいと評価する観客もいるだろうが、実際のところ「外泊」が語っていることは、このような空しさを可能にした楽しさの記憶である。

　映画の中の主人公たちは、口をそろえてストの楽しさを語った。この楽しさをもはや楽しむことができないということ、これこそ彼女らを空しくさせているのだという「真実」を、自ら証言したのである。ワールドカップ支店で「怖くて震えた」彼女たちが、面牧洞《ミョンモクドン》支店を占拠するときに見せた歓喜の表情や身振りは、五〇〇日以上もの間、彼女らが立てこもることを可能にした力が、家族への心配や、労働運動の大義などではなく、まさに自身の楽しみを続けるための、その欲望から出発していたということを密かに語っている。むしろ彼女たちにとって「家族」とは、このような自分の楽しみを禁じる「法の名」でしかなかったのである。彼女たちにとってこの法に背く「外泊」は、自分の存在基盤を完全に賭けねばならない博打でもあった。はたして韓国の労働者たちは、このような法の拘束を超えることができるのだろうか？　映画はその答えを見せてはくれないが、欲望がえてして「もう一回！」という反復を常に渇望することであるのは否定しがたい。イーランド闘争は過去の中へと消えてしまったが、その渇望はそこに参加した彼女たちに今なお残っている。「外泊」はこの事実を如実に示す、素晴らしい芸術的証言なのだ。

てストに突入（一九九九年七月）。結局、整理解雇は受け入れるが人数を最小限に抑えることで労使が合意した。二七七人の解雇で合意されたのだが、うち二七六人が食堂の「おばさん」。彼女らを解雇し、労組が雇いなおすことになった。この女性たちは、男性組合員のストの間も、ご飯を作って運動を支えていた人々である。しかし労組側はストを終え、解雇を受け入れるように女性たちを説得。これに対して食堂労組の女性たちは諦めずに闘っていく。タイトルは「飯炊き」おばさんたちが、スト中は「花」と呼ばれていたにもかかわらず男性の雇用を守るための「犠牲の羊」にされた、という意味。一九九九年八月から約一年半におよぶストを追い、労働運動の男性中心主義を鋭く批判した作品。

名もなき女性たちの名前

聞き書きライフヒストリー

EYさん（正規職。ストにより懲戒解雇後勧奨退職）

「ストが私にくれたのは失望ではなく、多くのことを得られました」

はじめまして。私は四六歳、実家は江陵《カンルン》にあります。高校は江陵《カンルン》女子高校を出て、大学のときにソウルに上京しました。大学卒業後、最初の職場生活は、八年くらい続きました。私は今、一人で暮らしていますが、結婚はもともと小さいころから、早くしたいとかいう考えはありませんでした。だから、結婚はしませんでした。できなかったのではなく。

大学を卒業して最初に就職したのは、才能教育という、学習誌・学習図書の出版社でした。最初は大宇証券に勤めていた兄よりも、私の方が稼いでいました。私はだいたい月給一〇〇～一二〇万ウォン（一〇～一二万円）、それほど少ないというわけでもなかったです。けれど、ある時から兄のほうが、私の想像をはるかに超える月給をもらっていて、私はそのままで……。そのまま勤めていましたが、職場生活も八年くらいと長く働いて、だんだんうんざりしてきました。そのときちょうど、父が旅行会社を始めるって言って、だから私の貯金を全部つぎ込んで、父と旅行会社を始めたのですが、すぐにつぶれてしまいました。

だから旅行会社をたたんで、家もすごく大変になりました。そんなこんなで大変だったので、何度かお見合いもして、結婚するところだったんですが、その一線は越えちゃだめだ、と思ったんです。そんなときに、知人がカルフールに就職したらどうだって声をかけてくれて、あまり何も考えずに就職しました。私は収納主任を任され、すぐに正社員になるように辞令が出ました。月給はそれほど多くなかったです。私がカルフールでもらう月給は、私が大学を卒業して初めて勤めた才能教育の時の月給と同じくらいで、独り者の身には別に……。人に借金することもなく、ブランド品なんかは買えなくても、欲しいものくらいは買えるし、生活には満足していました。けれど、この競争社会で、何というか。個人的には余り競争心がないので、成功とかそういうものを夢見たことはありません。ただ、今の自分に満足していました。

私がカルフールに入社したのが三七歳のとき。結婚していなかったので、入社もスムーズだったと思います。それに、私はどこにでも就職できると思っていました。働き続けて、知らないうちに、だんだん年もとって、二〇〇〇年頃から非正規職が広がったじゃないですか。そしてここをやめて別の仕事に行くことになれば正規職じゃなくなりますよね。だから、二〇〇四年、その時から、職場を移すなんてことはそうそう考えられなくなったんです。だから給料が少なくても、ひたすらここで働き続けることになりました。

ストの時、たくさんの人が私たちを応援してくれました。運動に関心のある人々はみな私たちを称賛したけど、ストをしながらとても大変な時は、そんな人々が本当に憎たらしかった。その人たちは私たちのストが正当だと言ってくれて、それには同意するけれども、私たちと同じ状況になって借金のひとつでもしてみろ、って思ったり。だから励ましなんて聞きたくなかった。その人たちは連帯寄付もくれたりしたけど、そんなもので私たち個々人の生活はどうにもならない。私もそうだったけれども、実質的に一家の大黒柱として働く女性もとても多かった。だから夫がお金を稼いでいる人は違ったけど。それに、家族がいるって言うと、じゃあ生活はどうなってるんだって、みんなが心配してくれるけど、私のことは一人暮らしだから心配しなくてもいいって、当然のようにそう思われて。その上、後で解雇までされて、本当にあの時の状況を考えると悔しいし悲しい気持ちでいっぱいになります。

けれど、私にとってストは、失うものばかりだったのではなく、得るものも多かった。本当に、考えの幅も広がったし。資本主義は資本家によるものだという、そういうことが社会の隅々に深く根をはっているってことがわかりました。

KLさん

「一緒に入ってダンボールを敷いて腰をおろした時には、まさに遠足に来たような気分でした」

五五歳です。八一歳になる姑の世話をしながら、夫と次男、娘と暮らしています。長男が結婚したんですが、嫁が少し前に子どもを産んで、私がその子の世話をしなくちゃいけない。ストを五一〇日という長い時間やって、大きくは一〇〇%成功したとは言えないけど、とりあえず家に戻って、私は孫の世話をしなくちゃならないから、会社ももうやめようかと思っているところです。

家族

七人兄弟で私は六番目に生まれました。上から三人が兄、私の上には姉がいて、男三人、女三人がずらっと。兄さんたちが家を出ると、田舎では食べていくのが大変だからって、畑はあるけど農業はせずに皆（都市に）出て行ってしまって、姉さんたちはすぐに結婚して家を出て、私だけが家に残りました。慶尚道《キョンサンド》〔韓国南部〕はその当時、小麦と麦がよく採れました。苗つけから始まって、田んぼに苗を植え終わるまで付いて回って、苗を全部植えて、麦を五〇ケース、小麦を三〇ケースずつ植えました。そんなことをやっていたのは私たちみたいな若い女の子で、この日はこっちの家、次の日はあっちの家、という感じでお互いに手伝いながらやりました。麦を全部刈り取って束ねて脱穀機の前に立てておくと、脱穀しに来る男たちは仰天します。どうやったらこんなに働けるんだって。私たちの働きぶりは最高でした。

兄が三人もいて、下には弟もいて、娘はみんな私より姉さんで、私は娘の中でも末っ子だったのに、なんで私がこんなことをしなくちゃいけないのかって思っていました。他はみんな嫁に行ったし、私も結婚しなくちゃ。仕事もうんざりでした。働き過ぎて。

結婚してから、田舎娘が初めてソウルに出てきたもんだから、右も左もわからなかったのですが、娘が二歳になった時、子どもはいるけど私もまだ若かったし、働きに出る力もありましたから。どこでも行けば稼げるだろうと思って、とにかく仕事を探しました。

もともとはケータリング会社で働いていました。一五年くらい続けて、給料はよかったけど、ウェディングホールというのは土日に行事が多くて夜も帰宅が遅くなるんです。だから姑が、おまえは息子に飯もやらないで何してるんだ、って。酷い時には飢え死にさせる気かなんて言って、どこか近所に家内工業でもあるならそこに行けって言うんです。稼ぎが少なくても文句は言わないから、息子にご飯をつくってやれるところで働けって……。

カルフールに入社したのは二〇〇三年でした。その時は四八歳。正規職はひとつの部署に一人ずつしか選ばれませんでした。あとはみんなパートタイマーです。流通業っていうところは、ケータリングで働く時よりも給料は本当に少なくて、八時間、九時間と立ちっぱなしで働くもんだから、足もむくむし、体に無理が来て、給料の割に仕事が大変過ぎたと思います。けど、姑が望むことだし、家に近いという関係もあって、そのまま六年という時間を、こんなに長い時間をこうして暮らしてきました。

お金は稼いだけれども、自分の口座には入れずに、家のために全部使いました。子どもたちが大学に通っていた時には学費の納付時期にも（夫は）そういうお金には気が回らなかった。正直言うと、娘が大学に受かったというのに、女を大学に行かせて何になるって、一ウォンのお金もくれなかったんです。

私が全部稼いだ。大学を出してやったのは私です。

夫のご飯も準備しないだなんて、そんなこと想像もできない家です。結婚して今まで、朝五時に起きるやいなや、女はコンピューターよりも正確に動かなくちゃいけない。ちゃぶ台の足をたたむ暇もない暮らしでした。ちゃぶ台はいつも出しっぱなし。起きて五分以内にご飯を準備しなくちゃいけない。五分過ぎると、夫はブツブツ言ってご飯も食べずに行ってしまう。

ストをしながらも、私は週末に、以前勤めていたケータリング会社に行って生活のためのアルバイトをしていました。週末になるとそこに行って、ホームエバーで稼いでいたのと同じくらいの給料をもらえました。だから食事の支度に必要な何かを買うなり、全部夫のお伺いをたてて（お金を）頼むなんてことはしないで、自分でやりくりしながら生活しました。私に稼ぎがなくてしょっちゅうお金をねだっていたら、そんなんだったらなんで一歳でも若い時に稼がないんだとか、遊び回っているのにそんなことを言うのかって言われたかもしれないけど、そんなことを言わせないために、バイトしながらストをしていたんです。

女性、私

上岩《サンアム》支店を占拠した時、店のなかに入り込んで、ダンボールを敷いて過ごした時は、本当に夢みたいでした。どうやって入り込んだのかもわからず、誰かが入る時に一緒に入りこんで、ダンボールを敷いて腰をおろした時の最初の気分は、まさに遠足に来た気分でした。小学校に通っていた頃、田舎だったので、お墓[20]とかにも行って、そういうところに行くと、座れるようなところがないから、新聞紙でも何でも敷いて座って、お弁当を食べて。そんなことを思い出しました。

女性として、余りに大きな経験をして、誇りに思っています。けれども、大学路《テハンノ》[21]から清渓《チョンゲ》広場[22]まで行っ

＊20　韓国では土葬が一般的で、多くは田舎の山の中腹あたりに土饅頭を作って埋葬する。子どもにとっては、墓参りは半ばピクニック気分である。現在は火葬も増えている。
＊21　ソウル中心部の東側、小劇場などが集まる繁華街として有名。
＊22　ソウル中心部、世宗路と鍾路という二つの大通りの交差点付近で、都市のオアシスとして有名になった清渓川の起点。

た時、おじいさんたちが、アカ〔共産主義者〕みたいなあばずれ、家で飯でも炊いてろ、とか、近寄ってきて言うんです。なんでアカだなんて言うのか。そんな言葉を聞いて、胸が張り裂けんばかりの怒りが湧いて来ました。飯でも炊いてろなんて言われたら、逆に、ご飯の心配なんてするな、みんなその時間になったら家族のご飯をつくりに帰ってるし、やることは全部済ましてからこれをやってるんだからって言ってやりたかった。もしあなたの家族が一日に何時間も足がパンパンになるまで働いて、差別されて、そんなんだったら働かせますか?って。そんな言葉が口をついて出かかったけど、道端で小競り合いなんかしても何の意味もないでしょう。私たちの方が口汚いと言われて、むしろ荒っぽく見えるでしょうから。そういう人には言わせておいて、私たちの目的に向かって、一生懸命に目的地まで行くのが問題で、他人がどうこう言うのに耳を貸す必要はないでしょう。

JSさん

「いつか外で社会活動をして飛び回ってやるんだって思っていました」

一九五五年生まれで、一男二女です。息子は結婚して孫が四ヵ月になりました。娘は二七歳と二五歳。うちのおじさん（夫のこと）も少しだけど働いています。若い時はいつもおてんばで、女友達よりも男友達と遊んでいました。結婚前には自分のしたいように活動していましたが、嫁に行った先が田舎で、三年間、姑と一緒に暮らしながら、「つんぼ三年、おし三年」〔韓国のことわざで、嫁は万事姑の言い付け通りにすべきの意〕の生活でした。そんな風に暮らしてみると自分が馬鹿になったみたいでした。本当の馬鹿に。子どもを全部大学にやる前までは家事だけしていました。子どもが大学に行って、姑が他界して、舅のお世話を三年ほどやって、舅も亡くなってしまって、することが無くなってしまったんです。だから、その時は体でも動かそうと外に出るようになって、カルフールに入って仕事もしながら、その時から自分の夢をかなえるために何かしようと思い始めたんです。四九か四八歳の時でした。

うちのおじさんの性格も、いわゆる普通の夫らしい感じじゃありません。だから家の中も静かというか。ただ子ども三人が四年制大学を出て、就職して、みんな家を出て、そうすると私も自分の務めは果たしたから、大手を振って外に出て活動してもいいと、夫が背中を押してくれました。舅の具合が悪かった時、病院で一ヵ月間付き添いしたのですが、誰もそんなことできなかった。私しかできなかった。だからそれを認めてくれたみたいです。夫が。

あの時はそれが一番いいと思っていました。あの時、なんで不満のひとつもなかったのかとも思うけど、でも、それが一番いいような気がして、だからあんな風に生きていました。私は、いつだったか、女が外で社会活動することを、とてもうらやましく思っていた。私にもあんな風に翼があれば、外に出で悔いなく思い切りできるのに、ただその能力を発揮できなくて、本当にたくさん苦労しました。

夫の事業が失敗し、収入が無い状態で子どもたちが皆大学に通っていて、手持ちのお金も底をつき、私が外に出て小遣い程度でも稼がなくちゃならない状況になった。そうして（仕事に）出ることになりました。出て働いてみて、自分の持ち場ではいつも最高の能力を発揮して、一生懸命やりました。そうしているうちに仕事に興味も湧いて、周りの人たちとも仲良くなって、仕事が面白くなって、お金もできて。だから本当に楽しく働いていました。

ストをしながら、交通費がなければ〔家族が〕それも支援してくれて、家の掃除がちゃんとできないまで出て来れば掃除機をかけてくれて、洗濯もちょいちょいやってくれて、皿洗いも一度きりだったけどしてくれて、不平不満も言わずにいてくれたのがすごくよかったです。母が、妻が、外をほっつき歩いても、心の中では不平不満があったかもしれないけど、黙って見守ってくれたことこそ、まさに応援だったと思っています。私も自分なりに、文句を言われないようにできるだけ一生懸命やっています。

KOさん（正規職。ストにより懲戒解雇後勧奨退職）

「仕事を持ちながら新しい自分を発見し、脱出を試みたのです」

イーランドが買収される前、まだカルフールだった頃、総菜コーナー長の正規職として入社しました。二〇〇〇年一月、私は四三歳でした。その前までは専業主婦で、家で家事をしていただけだったので、正式な給料をもらうのは初めての経験でした。女性たちが仕事をしながら毎月もらう給料袋の価値。その価値は何によっても表現できないほどのものです。私たちは家庭で働いているのに、毎月の給料袋なんかもらっていませんから。けれども職場で働くことで、毎月手にする給料に私の価値が表されているようで、だからこそやりがいも生まれるというものです。

家族

大学を卒業しても就職はほとんどしませんでした。両親のもとで、聞き分けのよい良妻賢母となる夢を抱きながら暮らしていました。実家の父親がとても保守的で、女はご飯を食べる時に歯を見せてはいけないとか、やたらと笑ってはダメだとか、そういう人でした。大学時代も合宿なんかには一度も行ったことがなく、門限もあって、たしか夜八時だったと思います。女として独立するなんて夢見ることさえできなかったし、だから大学を卒業してすぐに選んだのが結婚でした。結婚が父親の抑圧から脱出できる唯一の道でしたし、だから結婚してとてもよかったんです。

仕事

夫と死別するという、思いもしなかった出来事が起きて、私が家長になることになり、仕事を探して回りました。そう簡単なことではなかったです。職種も多いし、仕事場だっていろいろあるのに、私の年齢でできる仕事はほとんどありませんでした。専業主婦をしながら、料理をするのもそれなりに面白くて、調理師免許も取ってありました。だから総菜コーナーの正規職として入社することができたのだと思います。

とりあえず入社して、毎月給料をもらうんだという期待に胸が膨らみました。会社が上手くいけば私も上手くいくかのように感じて、オープンの時には売り場に波のように押し寄せてくるお客さんを見ながら、売り上げがよければ私にもいいことがあるって錯覚して、一生懸命働きました。普通は二交代勤務なのですが、締めの時間までいられる職員のいない日には朝六時に出勤して夜の十二時まで会社にいて、寒いロッカールームにうずくまりながら、締めの作業をしたこともありました。

カルフールの頃、正規職の賃金は本当に少なくて、号俸制ではありませんでした。支店のオープン時には多くの人が非正規として採用されます。私たちの部署も四〇〜五〇人くらいの非正規労働者がいました。オープンして何ヵ月もたたないうちにたくさんの非正規労働者が首を切られ、残った人はそれほど多くなかったです。だから、残った非正規労働者たちを正規職にするように要求したんです。ボーナスをもらえるのは正規職だけだったので、ボーナス支給日には同僚のなかで気まずいことになるし、少数派だった正規職の方がむしろ〔非正規の仲間の〕目を気にしていましたから。非正規労働者に「正規労働者のほうが自分たちより給料が多いんだから、その分仕事も多くやれ」と言われることもありました。非正規労働者がみんな正規職になって一年が過ぎ、正規職の昇給を求めたのですが、そういう制度がないとか、自分にできることはないとか言うんです。その答えを聞いた瞬間、労働組合に入ることを決めました。労働組合をつうじて賃金引き上げを要求しなければ、個人的にはどれだけ話をしてみても無駄だということに気付いたのです。

女性、私

家事を分担して女性が地に足をつけて生きていけるようになることを、男性は実際、恐れています。女性が男性のもとを離れて自立して自分を見つけることを、何か大事件のように思っているみたいです。私も、自分のことは全部自分で決めるというような時期がほとんどありませんでした。そうじゃない人もいるだろうけど、私のこれまでの生き方は違いました。

初めて参加した集会のことはよく覚えています。連盟から連帯要請のメールが来て、ちょうど休日だったし参加しました。私は幹部として参加したのですが、周りからは奇異の目で見られました。みんな、あの人はなんで来たんだ？ みたいな雰囲気でした。集会で「鉄の労働者」〔労働歌〕を聞きながら、とめどなく涙があふれてきました。歌詞のように人間らしく生きたいという思いが切実に迫ってきて、泣けてきたのです。とても寒い日でしたが、集会が終わって資金づくりとして売っていた海苔を買って帰って、その時の気分といったらどれだけよかったことか。集会に参加したのは初めてだったけど、不思議なことに全く違和感がなかった。その次からは連盟の行事があれば、都合がゆるす限り参加するようになりました。しかし私がよく言われたのは「旦那さんは何も言わないの？」あるいは「結婚してらっしゃいますか？」ということです。だから、夫は理解してくれていると答えておきました。後になってからは答えもしなかった。というか、むしろ聞きたい。なんで必ず夫にお伺いを立てなくちゃいけないの？ 労組活動に夫の許可がいるの？

私の人生において、四〇代は労組活動に一生懸命になって過ごした時期で、花咲く四〇代を後悔することは絶対にありません。人生で四〇代が「花」なんてことありますか？　花といっても枯れ尾花だし、私の全人生を振り返れば、子どもの世話もある程度落ち着いた四〇代で、今からでもこんな活動をしたことで世界を見る目が変わったということこそ、本当に悔いのないことです。その大切な時間を労働組合に捧げたということについても、後悔はありません。今は解雇された状態だから組合活動はできないのですが。

私の人生のなかで、結婚は脱出口でした。うちの父親から本当に離れなくてはならない。うちは娘が五人いて、長女の私が結婚してこそ妹たちも嫁に行けると聞かされ、二五歳で見合い結婚をして、それが最初の脱出口で、二度目の脱出口は、偶然にもカルフールに入ったこと。これまで自分にできることは何もないって思っていたけど、仕事をもったことで新しい自分を発見し、脱出を試みたのです。そして今回の解雇が三度目の脱出です。解雇者としての生き方がいかなるものかを骨身に感じつつ解雇者として生きること。つまり職場からの脱出、三度目の脱出とでもいいましょうか。職場からどこに脱出するのだろう。脱出したはいいけれど出口が見えない。解雇者の出口はどこにあるのでしょうか？

ようやく三度目の脱出に向けて踏み出しはしましたが、この脱出が成功するのかどうか、脱出が上手くいくように、今から考えることが必要です。どこに走っていくかは分かりません。

ＭＨさん

「共に生きるという生き方を、以前はまったく実感できませんでした」

九八年に結婚して二年くらい夫の両親とは別に暮らしていましたが、義父が癌を宣告されたのをきっかけに同居することになり二年ほど一緒に暮らしました。両親と旦那とその弟と妹、二人の子どもの八人で一緒に暮らしていましたが、義父が他界して旦那の妹が嫁に行ったので、今は家族六人で暮らしています。

会社は、長女を産んで、二〇〇〇年度に入ったころでしょうか、何かしなくちゃ、家には義母がいて、私が義母と一緒にいて家事をするといっても、実際、自分にできることはそれほど多くもなく、経済的にも厳しくて、ちょうど仕事を探し始めたときにカルフールが家の向かいにあったので、行って仕事はないかと聞いてみたんです。

義父が膵臓癌で、一年ほどもったのですが、一年過ぎたころ、死なせてくれって言うほど具合が悪化して、そんな姿を横で見ているのは大変だったので……。むしろ離れていた方が楽でした。（仕事は）肉体的にはつらかったけど、ときどき同僚たちと仕事帰りにビール一杯飲んで帰ることもありました。どこか居酒屋に入るというのもできず、カルフールの前で缶ビールを飲んでいると、父が目の前をスーっと通りすぎるのが見えたんです。どうしたらいいかわからず、私の名前を呼ばないで、呼ばないでって念じていたのが思わず口に出てしまいました。先輩、どうしたの？　男の仕事仲間もいるし、女の仕事仲間もいるし、お父さんに見られたらよくないから、って。そんな覚えが……。それでも、父はどうやら一度見かけたことがあるようです。後で母から、嫁が夜遅くにあんなところで何かしていたって、母は私に直接言わずに、この人（夫）をつうじて言うんです。ちょっと気まずさを感じもしました。

仕事をしなくちゃならないのは当然だと思っていました。それまでは少しの間ホームスクールの子どもたちを教えたことがあり、保険会社で仕事をしていたこともあったし、結婚して子どももできたので休みをとりたくなって、そうして少しの間休んでから、カルフールに行ったのですが、なんというか……。自由というか、仕事はつらいこともあったけど、精神的には楽だったと思います。

仕事

カルフールからホームエバーになってからは、会社で緊縮経営とでも言いましょうか、すごく些細なこともチェックして、支店には何の権限もないとマネージャーが口にするほど、すべてのことが本社から「オーダー」される状況になり、紙一枚にも、商品棚の張り紙ひとつにもお金がかかって、業者さんに、以前なら差し入れとかしていたのも全部なくなって、一挙手一投足が監視されるようになりました。そういうことがとても大変でした。

そのうちモニタリング制度が実施され始めました。つらくても笑顔でいなくちゃなりません。点数に反映されるので。そして、とても忙しいとお客さんが入ってきた時のお迎えの台詞と、出ていくお客さんへのお辞儀が重なるんです。「またのお越しをお待ちしております。いらっしゃいませお客様」みたいに。どうしようもない状況にだんだん耐えられなくなっていくんです。すいているからとって、楽ではありませんでした。その場から動けるわけでもないので、行ったり来たり歩き回るとか、壁にもたれたりとかすれば問題にされます。ここで問題になると再教育行きです。

業務の面では、雑談しているように見えると部署別評価に反映され、個人別評価にも反映され、それが張り出されるんです。掲示板に。最初の頃は名前まで載せられて、後には名前ははずしていましたが。足が痛いのは基本で、喉も痛い。レジで何か問題が起これば、お客さんはクレームをつけます。レジ台では客が自分で袋詰めをすることになっていて、（次の客のために台を空けるために）品物を押しやったりすると、それに怒る客がいます。そんな些細なお客さんの反応もストレスになります。お客さんが売り場でストレスを感じると、それをレジ係に向けて発散することもよくあります。自分の間違いでもないのに、だから本当は申し訳ないとも思えないのに、いつも「申し訳ありません」って言わなくちゃならない。

お客さんが多いと、何も考えずにとりあえずレジに通しまくることになります。素早く素早くバーコードを読み取っても、後ろで待っているお客さんが、なんであっちの列は早く進むのにここのレジは遅いんだと文句を言うし……。客ごとにかかる時間が違うのも当たり前じゃないですか。けれども、お客さんがワーっと押し寄せてきたりすると、本当に、トイレに行きたくても無理。女性にはつらい日がありますよね。そういう時もなかなかトイレに行けません。お客さんが待っているから、中断するなんてこともできない状態が多いです。私に与えられた時間、つまり八時間勤務だったら、休憩以外の時間はフルでその場でずっと働かなくてはならない状況が生まれます。

私

私は家と会社以外にはどこにも行かない、井の中の蛙のように過ごすスタイルです。それが、労組活動をしたことで、本当にたくさんの場所に行くようになりました。浦項《ポハン》〔韓国の最南部〕からはじまって、行かなかったところはないくらいです。日本にも行ったし。行って本当に多くの人と出会って、考えも聞いて、集会にも行ったりすると、その人たちの考えを聞きますよね。そうして私にも少しずつ意識が芽生えてきたことが感じられました。そのうち、周りを眺めながら、私は生きていなくちゃいけないって感じました。共に生きるという生き方を、以前はあまり感じられませんでした。そんなことを重要に思ったこともないし。そんな私が、今は、一緒に働く人たちが幸せに生きられる社会になって欲しいと思うようになりました。持てる者を中心に回って行く社会ではなく、一生懸命に働く人たちに十分な取り分が行きわたる社会になって欲しいと、切に思います。初めて集会に行ってから、実際、私たちが要求してきたのってそういうことじゃないですか。

組合員の会合、音楽サークル、友人たちとの集まり、いろんな会に出向く時間も増えました。休みの日を投資するようになったんです。「あんたは予定が本当に多いね」って言われます。これに加えて、組合員総会には母が敏感になっていて、あまりいい顔をしないので、他の約束だよって言って出てきます。最近は仕事があるような素振りをして、今日もそうやって出てきました。堂々と出てきたいのですが、子どもに、「母さん、今日くらい休めば」って言われても、結局嘘をつくことはできなくて、「予定があるから行かなくちゃ」と言うようになったんです。昨日は母がキムチを漬けていました。でも、集会現場に行かなくちゃならない。総会だったので、絶対でした。行かなくては済まないし、母がキムチを漬けているのを横目に出ていくのは本当に……。その日は本当に申し訳なかった。うちは家族が多いので、一人でいられる場所が全くありません。けれども、私が会社を理由に夫の実家とかその他の家族行事に出られない時、みんなが家を空けて私ひとりになる時があるんです。その時には本当に、ああ、自由だ……って、ようやく羽を伸ばせます。

女性労働は影《シャドウ》なのか

「外泊」――女性労働の政治学*

イム・ジヒョン（漢陽大学教授、歴史学）

去る四月に開催されたソウル国際女性映画祭の豊かなプログラム中でも、「外泊」は最も眼に焼きついた作品のうちのひとつであった。イーランド系列会社の大規模小売店「ホームエバー」のレジ台を占拠した六〇〇人余りの「おばさん労働者」のストライキを記録したこの映像レポートは、色々な面で新鮮だった。

一番最初に引っかかったのはタイトルだった。女性労働者のストライキを追跡した映像レポートに、なぜ「外泊」というセンセーショナルな（?）タイトルをつけたのか気になったのだ。その謎はこのドキュメンタリー映画の冒頭部分で解けた。ホームエバーの上岩《サンアム》支店の占拠籠城に突入した女性労働者らにとって、ストライキは合法的かつ堂々とした、しかし長い「外泊」の時間だったのである。

ホームエバーのストライキを扱った映像レポート

この女性労働者らにとって仕事場での占拠籠城は、もちろん切迫した生存闘争ではあったが、同時に

*初出：「金曜論壇」『京郷新聞』二〇〇九年五月七日。本冊子への掲載に際して一部修正した。

*23　同日の汝矣島で開かれたメーデー大会（主催者発表で約三万人が参加）で、「失業者が四〇〇万人に迫り、基礎生活保障から除外された貧困層が全人口の一〇%に近くなり、経済恐

家事労働から抜け出して自身を探す大切な自己解放の体験でもあった。よってこのストライキは、切迫感に満ちながらも愉快である。ホームエバーの女性労働者らの表情に垣間見られる解放感は、ストライキとは労働者の生存闘争にとどまるものではなく、「文明化」を目指す闘争であるというローザ・ルクセンブルグの洞察を確認させてくれるようにも思われた。

この映画を作った若い女性監督のカメラは「資本対労働」という両極の構図の中に閉じ込められていない。彼女のカメラは、歴史的行為者としての女性労働者らが、占拠籠城という非日常の中で、世界をどのように専有し、担っていくのかを捉えている。「外泊」はこの女性労働者らがどのように世界を専有するのかを説明するメタファーなのである。

苦痛にあえぐ労働者という典型の中に埋没していた日常的解放空間としてのストライキが姿を現すのも、まさにこのメタファーにおいてである。「苦痛にあえぐ労働者」というモデルは、じっさい、労働者を資本の受動的対象と見做す、上から目線の語りである。これに比べると、「外泊」のカメラは、歴史的行為者としての女性労働者らと目の高さを合わせることによって、日常的解放の可能性を露わにする。

「外泊」における労働者目線のカメラは、組合員の生活費として一六億ウォン〔約一六〇〇万円〕という大金を支援するという、守られない約束を口にする民主労総執行部に対しては、鋭い批判を差し向ける。支援金の支給を約束する公開席上で、何の気なしに「おばさん」という言葉を使ったことによって男性〔中心〕主義の無意識をあらわにした民主労総執行部に対するカメラの視線には、風刺の刃が鋭く光る。

世界メーデー一一九周年の去る五月一日、労働運動の正規職中心主義を自己批判した民主労総の「社会連帯宣言文」*23は、「外泊」のカメラのような批判的視線に対する、労働界の苦悩に充ちた返答だと考えられる。正規対非正規という構図は、実のところ男性労働者対女性労働者、韓国人労働者対外国人労

慌の責任が労働者と庶民に帰されているにもかかわらず民主労組運動は自らの任務を全て遂行できず、労働者内部の格差と差別を深刻化させた」と反省し、社会的差別を解消するべく「社会連帯」を軸とした運動を展開するとした。具体的には、「労働者は賃金闘争だけでなく、医療・教育・住居などの社会保障制度の拡充をはじめとする社会構造の根本的改革を追求しなければならない」として社会保障の拡充、非正規職の正規職化、若者の雇用保障、ワークシェアリングなど、これまで運動の主要課題から抜け落ちていたものを運動課題として掲げた。

＊24 「飯、花、羊」については註19参照。同作は、二〇〇一年一〇月に開催予定だった第二回蔚山人権映画祭の女性プログラマーから、七月初旬に制作団

働者という構図と重なっていることを考えれば、そんな現実へのさらなる厳密な省察があればという物足りなさがなくもないが、この点に関してはとりあえずは置いておこう。

生存闘争であり「自己解放」であり

現代自動車社員食堂の女性労働者の整理解雇反対闘争を扱った映像報告書「飯、花、羊」が民主労総の強い反発を呼び起こし、蔚山《ウルサン》人権映画祭で検閲の是非が問われたこと[*24]により上映さえも叶わず、結局、人権映画祭自体が失敗に終わった二〇〇一年と比較してみれば、映画「外泊」と民主労総の「社会連帯宣言文」は大きな進展だと言わざるをえない。

「飯、花、羊」が波紋を起こした当時、私は「進歩的労働運動が目指した階級解放の中身は、事実上、正規職・男性・韓国人労働者の解放ではなかったかという反省的問いを投げかけるべきであろう」と論じた。非正規・女性・外国人労働者という周辺化された少数を排除して他者化する労働運動のヘゲモニー的志向に対する反省を促すという趣旨であった。

私の主張に対して、当時韓国の代表的な「進歩的」日刊紙の記者が、労働者階級の団結を阻害する反動的な主張であるとした論陣を張ったことが思い出される。労働界の主流の反応もこれと大差なかった。「日常的ファシズム」に対する、いわゆる進歩陣営の絶え間ない批判も似たり寄ったりだった。

民主労総が二〇〇一年の時点ですでに「飯、花、羊」を自己批判と省察の契機にしていたならば、「外泊」のカメラはもっと愉快だったのではなかろうか？「飯、花、羊」が韓国左派の原罪であるとすれば、「外泊」は保守的左派の階級本質主義的な原罪コンプレックスから脱却し、左派の苦悩とその外延を深化・拡大する、切実でありつつも愉快な日常に向けた、大切な第一歩である。

体のラネット（LARNET: Labor Reporter's Network 労働問題に関する記録映像を制作する映像活動グループ）に上映の依頼があったが、九月初旬に突然、映画祭側から「ある人」が登場する「ある画面」が問題になりそうなので事前に作品を見てから上映可否を決めたいとの連絡があった。「ある人」のために作品に出ている多くの人が調べられることを「検閲」と捉えた制作者側は、自由のために闘ってきた人権映画祭でこのようなことがあってはならないとして事前試写の撤回を要請、映画祭側はあれこれ理由をつけて試写の必要性を訴え、議論は平行線に。結局、制作者側が上映拒否を宣言した。映画祭主催にはさまざまな人権団体や労組名を連ねており、論争は全国に飛び火、映画祭は無期限延期された。

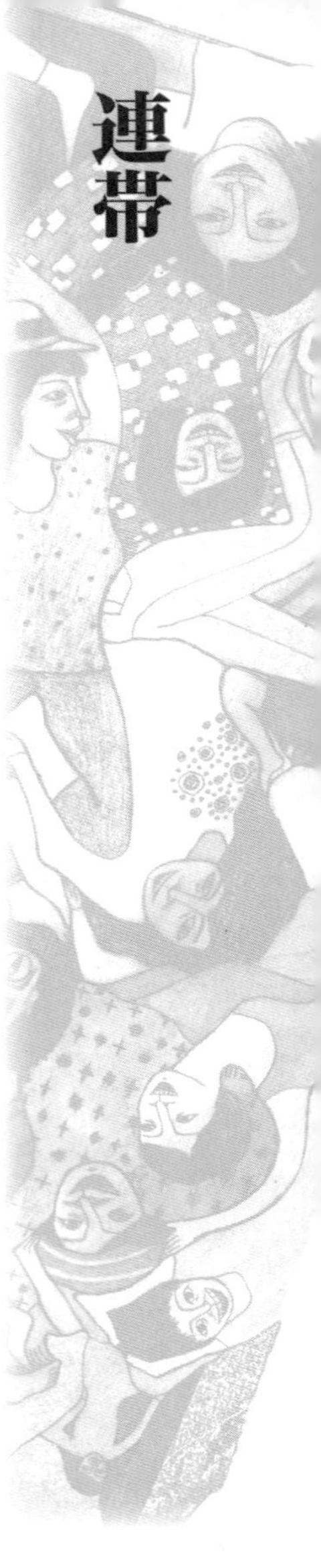

連帯

長期ストの女性労働者たち、窓際にたたずむ

イ・ナムシン（イーランド解雇労働者／韓国非正規労働センター副所長／前イーランド一般労組主席副委員長）

国会議員の比例代表選挙に候補を立てる戦術は、まさに空から降って湧いたかのように提起された。二〇〇八年四月九日の総選挙まで二ヵ月もなかったある日のことだと記憶している。安山《アンサン》の済扶島《チェブド》であった順天《スンチョン》分会組合員たちとの懇談会の席だった。キム・ギョンウク委員長が突然、総選挙の候補出馬戦術を提案し、私の名前まで挙げたのである。当時、正月が過ぎてもまだ長期闘争の終わりが見えず、お先真っ暗の切迫した状況で、組合員たちに希望を与える闘争戦術として、キム委員長が一人悩みに悩んだアイデアを初披露したのである。正直言って、少しあっけに取られたし、最初は半分冗談だと思っていた。とにかく、幹部の反対を予想してか、一度も相談しないで口にしてしまったキム・ギョンウク委員長にびっくりした。とりあえず候補戦術の評価はさておいたとしても、民主労働党[*25]が分裂した状況[*26]で、闘いを続けている現場ではっきりとした政治的選択をするということは、非常に危険な賭けだからである。いわゆる運動圏の原則主義者たちの反発、そして派閥と違うところのない党派対立の構造までをも考えるのならば、飛んで火に入る夏の虫ではないか。すでに何度か民主労総中央選挙に候補として

*25　一九九七年の大統領選挙でクォン・ヨンギル民主労総委員長が立候補する際に結成した「国民勝利21」を前身とし、二〇〇〇年一月に結成された進歩・改革派政党。民主労総を支持母体とする。

*26　二〇〇八年二月、対北朝鮮政策をめぐって党内の分裂が先鋭化し、一部が脱党、翌月には「進歩新党」という新しい党を立ち上げた。民主労働党の分裂については註39参照。

*27　一九九七年に結成し

出たこともあり、選挙対策委本部で責任者になったこともある自分の経験に照らし合わせると、イーランド闘争に携わった活動家、上級団体および進歩的な政党幹部の大半がこの戦術に反発するか懐疑的なことは確実だったために、私は反対した。キム・ギョンウク委員長を全面的に信頼していたし、この問題によってその信頼にヒビが入ることはなかったが、結局、組合員たちに被害が及ぶか否かの崖っぷち戦術になるだろうという判断もあり、反対したのである。

降って湧いた国会議員比例候補戦術

キム・ギョンウク委員長の決心は固かった。藁にもすがる思いでの決断であり、内心を切々と打ち明けもした。当時、民主労働党では非正規労働者の比例区の候補としてキム・ギョンウク委員長の名前が挙がってもいたのだが、これもキム委員長に戦術を悩ませた要因のひとつだったようだ。じっさい、闘争の間、指導部間での戦術の食い違いが組織全体に広がって闘争が崩壊した事例を何度も目にしてきたため、まず、委員長の苦渋の決断を尊重せねばならないと思った。責任の重さが苦悩の深さを決めるからである。そうして、この問題によって逆説的にも、立場の違いがはっきりしていた幹部たちのチームワークが最もよく確認されることとなった。ともあれ、候補戦術を成功させるためには、どの党から立候補するのかを決めねばならなかった。ハンナラ党[*27]や民主党[*28]に行くことができないのは当然なので、結局、民主労働党あるいは進歩新党[*29]になった。当時、イーランド労組が比例候補出馬を検討しているという話が急速に進歩陣営内に広がり、進歩新党の方から私にコンタクトをとって来たりもした。私は、すでに候補は内定しているという噂を耳にしてはいたが、民主労働党のほうが当選の可能性が高いので、そっちを選ぶべきだとキム委員長にアドバイスした。

紆余曲折の末、民主労働党とつながることができ、キム委員長と私がまず挨拶がてら、チョン・ソ

た保守政党。「ハンナラ」は「ひとつの国」あるいは「偉大なる国」という意味。金大中・盧武鉉政権下で野党となり、盧武鉉大統領の弾劾訴追を行ったことで民衆の反発を買った。李明博が所属する党であり、現在は与党である。

＊28　二〇〇八年に結成した中道改革派政党。盧武鉉政権期に与党だった「開かれたウリ党」の議員を主軸に結成された大統合民主新党と民主党（金大中政権の与党）が統合して二〇〇八年二月に結成された統合民主党が同年七月において党名変更を決定し「民主党」として発足。金大中・盧武鉉政権における与党勢力の流れを受け継ぐ。

＊29　二〇〇八年に結成した進歩・改革派政党。民主労働党から脱退した人々が結成した。註26および39を参照。

ンヒ執行委員長を訪ねた。ところが会うや否やすぐにチョン・ヨンセ比例対策委員長をはじめとして比対委のメンバーが集まっているところへと移動することになり、戸惑いながらも、そこが面接の場になった。キム委員長と私は具体的な対策はおろか、まだ何も相談していなかったために、窮地に立たされ、木刀をもって真剣勝負に挑む状態になってしまった。まず、キム委員長がこの戦術を考えるに至った切迫した状況と、候補としてはイ・ナムシン主席副委員長を出すつもりだということを細かく説明した。私は扇風機のように首を振りながら、〔〇七年七月の〕拘束当時、大統領選挙候補の選出過程でシム・サンジョン[*30]候補選挙対策本部の中央選対本部長に自分の名前が挙がったことまで持ちだして、このことが障害にならなければいいと正直に伝え、組合員たちがどれだけ大変な思いをしているか、彼女らが希望を見出せることをまず考えてくれるように訴えた。しかし民主労働党指導部は、内部の激論を経つつも、結局イーランド闘争から目をそむけた。当時、イ・サンギュ・ソウル市党委員長とイ・スジョン・ソウル市議員、ユン・ソンイル・ワールドカップ支部対策委の執行委員長など、イーランド闘争に連帯してきた民主労働党の同志たちの怒りと悲嘆は天を衝き、その後指導部を訪問し、荒々しく激論したり切実に訴えたりもしたが、無駄だった。候補戦術をあきらめるか、さもなくば進歩新党行きは避けられなかった。

結局、幹部三人の反対を残して、進歩新党の比例候補として出馬することが総会の議題にあげられた。案件はソウルの組合員の圧倒的多数の賛成で可決された。キム委員長の苦渋の決断と民主労働党からの立候補の話が消えたことが上手く作用し、組合員たちの心を動かしたのである。困ったことに、進歩新党からの出馬は現実になってしまった。総会の結果が伝わるや否や、連帯の中心的メンバーの多くが民主労働党の同志だった順天《スンチョン》で騒ぎが起きた。キム・ギョンウク委員長が数ヵ月もの間サービス連盟委員長をつうじて要請しても、ひと目会うことさえ難しかった総連盟委員長の方から直々に話が来て、キ

＊30　シム・サンジョンは民主労働党の党員。二〇〇七年の大統領選挙に出馬する党代表を、クォン・ヨンギル、ノ・フェチャンと争った（結果は二位で敗退）。当時、イ・ナムシンはイーランド一般労組委員長代行で、イーランド占拠籠城の際にキム・ギョンウク（イーランド一般労組副委員長）とともに当局に拘束されていた。

ム委員長と一緒に会うことになった。上級団体はもちろんのこと、いくつもの連帯団体や活動家から電話が鳴りっぱなしになった。連帯団体はほとんどが反対だったが、その逆にイーランド闘争にたいする関心を高めてくれたことを思えば、比例候補戦術は成功したと思えるほどだった。しかし私は、このまま行けば、ワールドカップ支店と順天《スンチョン》支店、蔚山《ウルサン》支店など、イーランド闘争への連帯が続けられてきたところでさえ、かなりの打撃は避けられないと判断し、苦心の末、候補として出馬しないほうがいいと結論した。

深夜に家の前まで私を送ってくれたキム委員長と車中で交わした話は重かった。他の幹部のほうが私よりも反対の意思をはっきり示していたので、キム委員長は候補として出馬する当事者さえ説得すればいいと考えていたようだ。キム委員長の組合員にたいする思いは十分に共感できたが、進歩新党からの出馬による波紋について、進歩陣営の構造や性質を最もよく知っている私が黙っているわけにはいかなかった。「崖っぷちでもう一歩進むような戦術だから、候補としての出馬はナシだ。委員長が出馬すればいいじゃないですか」と最後通告した。何よりも、順天《スンチョン》の組合員たちの反発が非常に激しかったので、いまさら覆せない状態ではあるが、第二次総会を開いて組合員の意志をもう一度確認すべきだと助言した。そこで決定されなおされれば自分も従うと、キム委員長に話した。キム委員長はすぐに、そうしようと言った。順天の組合員がソウルに来て、進歩新党からの出馬の問題点と憂慮、闘争戦術の代案をめぐって多くの支部が自分の意見を述べて喧々諤々の議論になったが、第二次総会でも、ギリギリのところで進歩新党からの出馬が可決された。私は反対し、キム委員長は涙まで浮かべて棄権した。

崖っぷちだと知りつつ踏み出した一歩、その裏舞台

もはや選択の余地はなかった、二度の総会で組合員が切迫した胸の内を明らかにしたからである。比

例候補戦術をめぐる議論でもっとも印象深かったのは、順天《スンチョン》支店のパク・ヨングァン支部長と組合員たちが総会の結果と指導部の意志を尊重し、順天《スンチョン》に戻って連帯団体をきちんと説得すると言ってくれたことである。なにせ民主労働党への忠誠度が高かったので、内心どれだけ恨みつらみも大きかっただろうかとも思ったが、ソウルの組合員たちの心情を察してくれて、連帯する同志たちの判断よりも総会の決定を重要なものとして受け止めてくれたことに、私は感動した。このとき、最後まで戦い抜けば私たちは勝利できるだろうと確信した。じっさいに比例候補出馬記者会見をして、選挙運動に入ると、本当に多くの試練と葛藤に悩まされたが、これが組合員の総意なのだからと、ソン・ミョンソプ同志とともに昼も夜もなく前だけ見て突っ走った。支持率が〇・〇六%足りなくて国会入りに届かないことが判明した日の夜、日付が変わったその時。開票もほとんど終わり皆精根尽き果てて、もう駄目だと思っていた時だった。そんな中でも進歩新党の中央党コンピューターのモニターをまじまじと見つめては、イーランド闘争を国会に持って行かなくちゃと最後まで状況を見守っていたホン・セファ先生の目つき。その光景に組合員の姿が重なって見えて、ポロリと涙がこぼれた。

＊

振り返ってみれば、〔〇八年〕四月九日の総選挙に比例代表候補として出馬するという戦術は、九ヵ月の長期ストの主体たる組合員たちが、二度の総会という産みの苦しみを経た末に決めた闘争戦術に他ならなかった。どうにかして小康状態を突破してイーランド資本にプレッシャーをかけ、この長期闘争を終わらせるもっとも現実的な手段として選択されたものだった。しかしこの闘争戦術は、闘争の現場が使ってきた伝統的な戦術とは合わず、熱い論乱を呼び起こした。大衆闘争によって資本に直接的な打撃を与えるのではなく、すぐさま資本とひとつ穴のムジナと化してしまうかもしれない体制側の地位を目指すこと、しかもその代表格でもある国会議員を闘争目標にしたことが、とくに激論を巻き起こした。加えて、民主労働党が分党し、進歩陣営内の足並みが乱れていたことと民主労総の政治方針などが複合的に絡み合って、子どもがぐちゃぐちゃに絡み合わせた糸のように、状況は悪化した。

核心にあるのは、上級団体と多くの連帯団体が提出した闘争の代案が、組合員たちの心を動かせなかったという事実である。最もハードルの高い長期占拠籠城によって闘争を始めて、長きにわたって力いっぱいアグレッシブな闘争戦術を取ってきた組合員たちにとって、当時、どんな闘争戦術だったら心に響いただろうか。一時疎遠になっていた上級団体や連帯団体が、進歩新党の比例候補出馬を決定したからと言って、今更のようにあれこれと闘争計画を持ち出して説得しようとしたものだから、組合員たちの立場からすれば、納得しがたいものだっただろう。

個人的には、二〇〇〇〜二〇〇一年に非正規労働者の正規労働者化要求を勝ち取った二六五日の長期スト*31で、身をもって学んだことが二つある。組合員の団結とともに、指導部の意気投合が勝利の決定要因となること、そして総会における民主主義の重要性である。当時、指導部と組合員との間には固い信頼があったが、指導部内での戦術の不一致によって、結論を出すにも皆が痛みを感じたし、闘争が終わってからもその後遺症は大きかった。私は当時事務局長であり、委員長と戦術の面で深刻な意見対立があったが、立場の一致をみることなく、闘争も長引き、互いに大きな傷を残してしまった。そのような危うい状況でも、きちんと行われていたのが、重要事案を決定する毎週の総会だった。指導部内の分裂も総会のおかげで防ぐことができた。総会では、闘争の方向性と主要闘争戦術についてさまざまな意見を集めて決定したのだが、皆がなりふり構わず、涙も流して、大変だけれど一緒にやっていこうと心をひとつにしもした。総会には多くの時間を費やしたが、団結を維持する核心的な機制となった。この経験から、闘争を勝利に導くために最も重要なのは、組合員たちの主体的な決定を保証する総会民主主義

＊31　イーランドでは以前にもストがあった。二〇〇〇年には非正規職の正規職への転換など処遇改善を求めて二六五日のゼネストに突入し勝利した。一九九七年には、労組を結成したにも関わらず団体協約を結ぼうとしない社側にしびれを切らした組合員約五〇人がストに突入、五七日間続いた。イ・ナムシンは二〇〇〇年のスト時にも逮捕されている。

と、指導部の一致団結であると確信することができた。

組合員の心を果たしてどれだけ動かしたか

したがって、一度決めたことはひっくり返さないという原則に反して二度も総会を開き、そうして決めたことだっただけに、キム・ギョンウク委員長と組合員たちの判断は全面的に尊重しなければならなかった。ところが現実はそうではなかった。とくに民主労総活動家たちは、キム・ギョンウク委員長の決断を評価するのではなく、主として私を叱咤し困らせた。さらにはイ・ナムシンの政界進出の欲望から出た話だとの声まで上がり、ひどく悔しい思いもした。キム委員長と組合員同志にたいする絶対的な信頼がなかったら、私もブレていたかもしれない。とにかく、その愚にもつかない派閥の圧力構図のなかで、取るに足りない功名心と中身のない我田引水の評価などがもつれて、連帯団体にたいする組合員たちの心からの感謝と闘争終了への切迫した思いは歪められ、貶められた。甚だしくは、ある種の陰謀説を気取ってイーランド労組指導部の隠された意図まで云々する始末だった。合理的な討論や評価など、はなから不可能だったというわけだ。

ただ、当時、比例候補決定の時だったこともあり、なにせ急流に乗って比例候補戦術が出てきたことを考えれば不可避だったとしても、深刻な案件だけに、きちんと議論しきれなかったことは非常に心残りだった。連帯団体と活動家の反発が予想されたので、事前に幅広く論議をしておくべきだったが、結局、組合員たちがなるべく傷つかないようにする過程はないがしろにされたまま、総会の場で内心を全部ぶちまけるかたちで議論されたことについては、今も胸が痛む。そして、民主労総と進歩両党〔民主労働党と進歩新党〕間の意思疎通が最も難しい時にこの戦術が採択されたこともあって、産みの苦しみもそれだけ大きかった。よって、闘争戦術だけで済む話が、スト隊列と連帯団体全体を揺るがす結果となってしまった。この過程で闘争に連帯した同志たちには本当に申し訳なく思うが、組合員のことを指導部の操り人形みたいだと曲解したうえで、その後いちいち闘争の障害となったサービス連盟委員長だけは許せなかった。

その面では、イーランド労組も、総選挙後に少し柔軟な態度で連帯する同志たちの心情を汲み取ることができなかったのはとても残念である。当事者だからといって何が何でも当事者の思い通りに決定し、結果的に連帯の同志たちを無視してしまうのなら、それは明らかに利己的なやり方だろう。しかし、考えてみよう。組合員の過半数の決定を上級団体の幹部や活動家が反対して覆すとしたら、それもちゃんちゃらおかしいことではないか。

比例候補戦術は、当選を基準に評価するなら失敗だっただろうが、挫折ではなかった。局面を好転させることはできなかったが、指導部と組合員の心をひとつにすることに関しては、それなりに寄与したといえる。じっさい、精一杯踏ん張ってきた組合員の胸中を察しつつ、運動圏の派閥構造と内部の圧力をはなから有難迷惑と思っていたキム・ギョンウク委員長の判断こそ、組合員たちに支持されたのである。一番残念だったのは、意見の違いによって生じた溝を後からきちんと埋めて、乗り越えることができなかったことである。これは責任の軽重の問題や、どちらか一方の責任だとかいうものではなく、共同責任である。さらには共同闘争をおこなったニューコア労組との間にも何度か対立があったことを思い起こせば、労働運動と現場闘争の主体の力量は、未だ資本を越えるほど成熟しておらず、まだ出来上がっていなかったがために、不必要な内部衝突を起こした面もある。

よりよい闘争への踏み石と躓き石の間で

民主労働党が結局、分党されてしまったのは本当に惜しいことだった。当時、闘争主体だった立場からは、まったく好ましいことではなかったので、怒りが湧いた。いわゆる「民族自主派」[*32]の運動の上層部の頑固で覇権的なやり方を受け入れることは、運動全体が不毛化するだけだと主張した「脱党派」[*33]の問題意識は理解できなくもないが、そもそも現場を無視していた活動家の焦燥感が生んだ結果であると思った。シム・サンジョン非対委[*34]による事態の鎮火さえ結局のところ座礁してしまい、党が分裂することは心情的に理解できる。しかし、今、進歩的な二つの政党が直面している現実を見ると、なんで互いに追い出し合ったのか、またはなぜ脱党してしまったのか、本当に困惑する。私から見れば、根本的には党の綱領をどうするかというレベルの思想・路線対決というよりは、現場と乖離した専業政治家間の綱引き、すなわち大きな派閥の間で大きくもないパイの奪い合いが行われたと言うほうに近い。その点で、ストに参加したイーランド組合員たちは、進歩的な政党から最も多くの支援を受けたが、分党の余震を直に受けてしまった被害者でもある。今こそ、闘争する民衆と共に生き、共に楽しむ真の進歩政治、労働政治、現場政治の本領を根本的に捉え返し、批判的問題意識にもとづく代案がなければならないだろう。「現場」に密着した運動の復権・強化が何よりも優先されるべきはもちろんである。

＊32　民主労働党の二大派閥のうち、統一運動を重視する派のこと。註39を参照。

＊33　民主労働党からの脱党を指す。註39参照。

＊34　民主労働党は、党勢の弱化と一心会事件などの事態を収拾し党の革新をはかるために二〇〇八年一月に「非常対策委員会」を設置、代表にはクリーンなイメージのシム・サンジョンが選ばれた。

クロス・インタビュー

ユン・ソンイル（イーランド闘争地域対策委員会第三代執行委員長／民主労働党麻浦《マポ》区委員会委員長）

ホン・スングァン（イーランド闘争地域対策委員会初代執行委員長／興国《フングク》生命解雇者／民主労総未組織非正規組織室）

Q. イーランド闘争地域対策委員会（以下、地対委）のメンバーになった時の状況について、なぜ、どのような考えでメンバーになろうと思ったのですか？

ユン　私が執行委員長になろうかと悩んだのは、占拠篭城の後のことでした。イーランド闘争は大まかに、占拠以前、占拠篭城、そしてその後の長いスト闘争に分けられると思います。占拠闘争後、状況は一段落したのではなく、新しい何かが始まるという感じでした。政府は世論にたいして前よりも敏感になり、強制解散や指導部の拘束といった手を使わなくなりました。しかし組合員たちは占拠後、勝利への熱をより高めたようです。そうして、このままでは引き下がれないと自ら決めたのです。

地対委はもともとスト闘争の前までの闘争計画しか持っていなかったのですが、再度集まって、自然と決定する流れになりました。スト闘争が勝利するまで共に闘う、と。長期戦になるという予想のもと、執行委員長をすることになったのは、別の同志たちと同じ考えからでした。始めた闘争だから勝利したいという気持ちが大きかった。連帯団体としての役割、いや、この闘争は人間が人間らしく生きるために必ず勝たねばならないという思いもありました。その思いで地対委の執行委員長をやろうと決めたのです。

ホン　二〇〇六年だったか、民主労働党では自治体選挙が終わって内部組織の立て直しがおこなわれ、この時、またもや北朝鮮の核問題[*35]が浮上しました。この事態に関して何のコメントもできなかった党を見ながら、活動を続けるべきか否か悩む人が何人もいました。そうして進歩的な政党の活動の突破口が必要だった状況で、ちょうどイーランド労働組合の要請が入ってきたのです。これに加えて、当時三つの地域、西大門《ソデムン》、麻浦《マポ》、恩平《ウンピョン》区の地域委員会傘下の労働委員会に所属していたメンバーが（その後合流した龍山《ヨンサン》の非正規職撤廃特別委員会の人々と共に）軸となって、進歩政党の労働委員会に少しでもできることがあるなら、そこから始めようという考えで関わり始めました。党の活動の観点を北朝鮮核問題などから労働運動へと変えたかったのです。

Q. 地対委で活動しながら感じた苦労や障壁など、具体的にはどのようなものがありましたか。

ユン　組合員同志たちも同じだと思います。闘争が長引いたことで生じた難しさですね。終わりが見えないし、目標を定めて勝利できる闘争をするために苦心したこととか、そういうことです。だから、主要な契機を生かそうとしたし、地対委の闘争、ワールドカップ支店の闘争を中央の団体と出来る限

＊35　二〇〇六年一〇月九日、北朝鮮が地下核実験に成功したと報じられた。

り共に進めるために悩み始めました。旧盆前の総力闘争、一〇〇日闘争、二〇〇日闘争、そして社側と政府を相手に契機をつくるさまざまな方法も動員しました。当時は大変だとも思いましたが、また今になって振り返ってみると、悔いのない闘いをしたと思っています。街頭行進、篭城、文化祭、愛の教会[*36]前でのパク・ソンス糾弾闘争、占拠、バザーなどで人々に知らせたりと、多くの切実な闘争をおこないました。

また、別の大きな悩みのうちのひとつは、民主労働党の分党です。その理由は、わざわざ言うまでもないでしょうね。

ホン　初めの頃は労働委員を除いて多数の党員との乖離があるということが大きな問題でしたが、後には労働委員たちが本気で活動していることが伝わったおかげか、そんな乖離もなくなりました。（当時、イーランド一般労組ホームエバーワールドカップ支店の）分会設立後は、ストの過程で組合員たちと共に活動しなくてはならない地対委のメンバーが、職場勤務によって活動を共にできなかったことが最も大きな悩みでした。

Q．占拠篭城当時の状況を振り返って（よい意味でも悪い意味でも、とくに「省察」という面で）、これだけは皆が心に刻まねばならないというような場面やエピソードはありますか？

ユン　イーランド闘争で連帯運動の新しい姿がつくられたと思います。既存の連帯は、一緒に集会に参加し、旗をあげるというような連帯でしたが、イーランド闘争の連帯は、さまざまな連帯の主体がひ

＊36　イーランド会長のパク・ソンスが通っていた教会。二〇〇七年一二月にパク・ソンスは同教会の長老職に就いた。

とつになったと思います。イーランドの労働者はまさに自分の姿だ、自分たちの問題だという意識が浸透したとでもいいましょうか。だから共に寝泊まりし共に楽しむことができたのだと思います。籠城の場で共に教え合い、ご飯を食べ、寝て、闘うという、すべてのことがそこから出てきたのだと思います。

籠城での皆の姿もよく覚えています。皆が自分の持っているものを出し合いました。文芸活動家たちは歌と踊りを、食べ物や必要なものをもっている同志はそれらを、医療関係者は診療を、弁護士は弁護を、文筆家は文章を。皆が自分にできることをしていました。

ホン　一番記憶に残っている場面は、籠城していたところの外の階段の横に臨時に作った食堂で、おいしいご飯を食べながら地対委のメンバーだからって特別扱いしてくれたことですね。惜しかった部分としては、確実に押し入らなくちゃならなかった時、どうしても力で押していくしかない瞬間があったじゃないですか。そういった瞬間が、非常に心残りです。

Q.　二〇〇七年末から二〇〇八年初めの間に、いわゆる「民主労働党分党事態」をめぐって地対委メンバーはもちろん、当時イーランド一般労組の組合員たちまで心労が絶えなかったことがありましたね。なぜ分党の動きに火がついて、現実化するに至ったのかについて、当事者としての考えや立場を整理してみるとどのようになるでしょうか？　別の言い方をするなら、「あの時なぜあのようにしたのか」という問いを投げかけられたら、どのようにお答えになりますか？

ユン　二〇〇七年末の大統領選挙の結果に、[*37] 問題の火種があったのだと思います。党は全面的な刷新、革新にせまられました。その過程で「従属主義[*38]」の議論は、評価と革新の主なテーマではなかったので

＊37　二〇〇七年の大統領選挙では李明博（ハンナラ党）が当選、得票率は四八％。民主労働党は得票率三％という結果に終わった。この数値自体は前回（二〇〇二年、三・九％）と大差ないが、前回の大統領選挙では進歩勢力の得票が多かったのに対して今回は保守勢力の得票が六割を占め、進歩・革新勢力の危機が表面化した。

＊38　民主労働党内の親北路線が、北朝鮮への「従属」ではないかと批判されたことを指す。

すが、結局、従属主義論争のフレームになってしまいました。これが事態のはじまりだったと思います。しかし、党内の意思決定構造や民主主義がきちんと具現されていたら、こんなことは克服できたでしょう。大多数の党員は党の未来がこんな風に破局に至ることを望んではいませんでしたから。けれども、党内の派閥争いが先鋭化し、結局、党大会の議題や、結果的に党員の意思を代弁することができなくなりました。このような覇権主義が、従属主義論争によって引き起こされた分党の決定打となってしまったのだと思います。

ホン　思い返せば、二〇〇六年に勃発した北朝鮮核問題後の状況に、きちんと対応できなかったことが問題の発端だったのではないか。党内部の病的問題、すなわち多数派の覇権主義が、いわゆる「一心会事件」[*39]へと増幅して、進歩的な理念と実践という路線をめぐって、馬の耳に念仏の、意思疎通が全くなされない状況へと至ったせいもあります。このままではもはや進歩を望む声を共に出していくことは難しい、だから分党だ、という事態になったのだと思います。

Q.　民主労働党が分党されるに至ったにもかかわらず、「連帯」が可能になったのはなぜでしょうか？　どのようなエネルギーがあったのでしょうか？　地対委のレベルだったからできたのか、そうでもないのか。

ユン　イーランド闘争とその連帯過程で、まさに民主労働党の分党の時点で最も大きな苦痛が表面化しました。長いスト闘争でしたが、地対委は進歩政党‐労働組合の緊密な関係のなかで、やりがいと楽

＊39　一心会事件とは、二〇〇六年一〇月、ソウル地検公安一部が一心会という「団体」を朝鮮民主主義人民共和国工作員と接触した疑惑で摘発した事件のこと。民主労働党の複数の幹部が国家情報院と検察当局に逮捕され、その後有罪が確定した。被疑者や国家保安法廃止論者は一心会という団体は存在せず、十分な証拠が提示されなかったとして、同事件は国家保安法による民主労働党弾圧だと主張した。結局、一心会が団体性を満たさなかったとして利敵団体結成罪は無罪となったが、関連者数人が国家保安法違反で処罰された。

民主労働党には、統一運動を重視する自主派（民族解放と自主統一を目指すNL路線の流れをくむ）と人権・平等権運動を重視する平等派（労働者の解放を

しさを感じていました。そして、その連帯は既存の集会支援を越えた全般的な連帯、総体的で、生きた連帯だったからこそ、皆が楽しんでやれたのです。

　分党によって地対委メンバー間にはわだかまりや対立が生まれ、地対委の結束力は多少落ちました。それよりも大きな問題は、闘う組合員たちにこの現実をどのように説明すべきかということでした。長期のスト闘争を続けている組合員たちにとってはそれほど重要ではない政党内の対立と分裂の状況は、恥ずかしくもあり、申し訳なくもありました。しかし、みんなの胸の内には分党の現実とイーランドのスト闘争は別物だという考えがあったようです。むしろ、だからこそもっと一生懸命やらねばならないという気持ちもあったようです。また、文化祭*40や支援事業のなかで、〔組合員たちは〕「なんで分裂したの？　分裂だなんて大変そうだね、胸も痛むだろうに」とも思っていたようです。対立して、顔も合わせづらいと思っていた人に、イーランド闘争でまた会わせてしまって、考えさせてしまったようでした。難しい状況でしたが、連帯を可能にしたのは、先ほど申し上げたように、地対委とホームプラス労組が互いを信じ切って、頼り合い、生きた連帯をしたからではなかったかと思います。

　ただ、分党してからも地対委は連帯活動を続けましたが、ひとつだった政党が二つになってしまったという条件下で、何をするにも気を使ったし、不必要な競争、苦慮、そういったことが生まれた点は限界だったと思います。とても残念なことで、乗り越えるべき課題でした。

ホン　うーん。模範解答をするなら、民主労働党？　分党したけど、イーランド闘争のひとつの主体として「もうやめる」と言うことができたでしょうか？　進歩新党は非正規労働者の政党を標榜して飛び出してきただけに、どれだけエネルギーがなくても一緒にやろうというしかなかったようです。ソウル西部非正規労働センターは、非正規労働者センターをつくろうとしていて、イーランド闘争をその母

目指すPD路線の流れをくむ）の二大派閥があり、当時、党代表だった平等派のシム・サンジョンは、党の実権を握っている自主派の「親北路線の清算」を主張して、二〇〇八年二月三日に開かれた党大会でチェ・キヨン前事務副総長とイ・ジョンフン前中央委員など「一心会関係者除名の件」などを含む党改革案を提起、自主派議員らがこの案件の削除を主張し、除名案は結局失敗に終わった。その後、シム・サンジョンを支持したノ・フェチャン前国会議員他数名の平等派党員が離党し、進歩新党を結成した。

＊40　ストや集会のなかでは、歌や踊りなど参加者を楽しませつつ運動を盛り上げ、世間にアピールするためのイベントが行われることがよくあり、「文化祭」と呼ばれている。

体にしようとしたので、地対委に残ったのだろうし。民主労総ソウル本部は、存在感こそなかったものの、名目だけでもかけて、やっていくしかなかっただろうし。タハムケ[*41]は二重メンバーシップで、政党として参加しているのか、社会団体なのかはっきりしなかったのですが、やはり続けていくしかなかったのでしょう。それ以外は、とにかく、それまでやっていたことを続けていただけで、途中で変える理由もなかった。

内心、イーランドワールドカップ〔支店〕分会がかなり有名になったので、これに連なることが互いの利益になると考えてのことで、それ以外の理由があるでしょうか？ おかげで連帯は切れずに当時イーランドワールドカップ分会は、闘いが終わる時までたくさんの支援を得ることができたのです。

＊41 「みんな一緒に」の意。左派学生・青年団体。

空振りする闘争、空回りする日常

お母さんの外泊を支持すると伝えるときが来た

キム・テフン（就職活動中）

私は、母として生きることはおもしろくないという事実に気付いた。お母さんの優先順位は、家族、そのなかでも「私」だった。お父さんの暴力のせいで家を出ようと決心したとき、お母さんは、私のことが目に焼き付いて、出て行くことなどできなかったと言った。ふにゃふにゃだった私の〔赤ちゃん〕頭が少し硬くなってから、母は保険プランナーとして働いた。その頃働いていた職場を辞めて新たに起業した父が占い師のところに行き、「女が金を稼ぐと俺の仕事がうまくいかなくなるって言われた」と、仕事を辞めるように望んだ時も、そんなつもりもなかっただろうに仕事を辞めるような母親だった。お母さんの稼ぎはどのみち副収入のようなものだった。要領のいい私は、お母さんのいない子どもは不完全だという事実も知っていた。どこかみすぼらしく、いやなにおいが鼻につくような、母なし子たち。私は家にいるお母さんをみて安堵した。

家ではお母さんにたいする無限の搾取が続いた。家事は全部お母さんの仕事だったし、試験勉強や外での仕事で疲れた家族の世話もみんなお母さんの仕事だった。編み物の内職をし、たまに叔母と寺に行くことを日常としていたお母さん。いつからか、お母さんはヒステリーになった。鬱病も酷くなった。少し頭でっかちになった私は、お母さんが「普通の」人間なのか、疑った。私は父には似たくないと思っていたのと同じくらい、母にも似たくなかった。そのうえお母さんの生き方は、まったく面白そうではなかった。どの出版社も、母の生き方を本にしたいとは思わないだろう。それは「物語」にはなりえなかった。

帰省したある日、私は机の上にシドニー・シェルダンの小説があるのを発見した。主人公の女性は、想像もできないほどの陰謀や、最も近しい人の裏切りのせいでつらい思いをしていたが、結局、自分を見出すという勝利を重ねていった。小説を読みながら、今とは違った未来を夢見ていた若い母が思い浮かんだ。お母さんの生き方は、若かりし頃思い描いていたものとは、かけ離れてしまっただろう。お母さんは、父の経済力に問題が生じてからは、内職はないかとあちこち訪ね回る五〇代の女性になってしまった。あなたのすべてだった子どもたちはソウルに家を構えて久しかった。日々の忙しさを言い訳に、お母さんに無関心だった私が悪かった。

「外泊」にはシドニー・シェルダン小説の主人公のようなお母さん、お姉さんがたくさん出てきた。陰謀と苦痛に立ち向かい、彼女たちは初めて自分のための声をあげたと語っていた。夫や子どもの心配を差し引いても、こんなに解放感があるなんて幸せだと喜びをあらわにする人もいた。しかし、私は残念だった。彼女たちは不安定な職場で、待遇も悪い職場で、とても小さな要求を掲げて闘っていたのである。もともと大型スーパーのレジ係を夢見ていたわけじゃなかっただろうに。私には、闘争を語る姿より、笑っているお母さん、お姉さんの姿に重なってみえる裏話がまぶしかった。現場ではかっこいい闘士なのに、家に帰ればたまった皿洗いをしなくてはならなかったり、夫と子どもが心配でこれ以上家を空けるわけにはいかないと絶叫する「お母さん」たちが、本当にたくさんいた。最小限の要求を掲げて、自分らしく生きるんだと叫んでいたお母さんの外泊を、世間はやすやすと認めなかった。政権も大企業も、過酷なまでに彼女たちの外泊を弾圧した。この闘争を終えられないのなら旗を降ろすとまで言っていた上級団体も、結局、彼女たちの外泊から目をそむけた。平澤《ピョンテク》*42で「お父さん、夫の闘争を支持します」と言っていたのは母・妻・お姉さんだった。彼女たちの闘争を、父や夫、子どもたちは決して支持しなかった。

そう、お母さんたち、お姉さんたちの闘争と彼女たちの生き方を支持すると告白することに、勇気が必要なのは明らかだ。それはお母さんが自分の生き方をあきらめて、そのおかげで私たちが得てきたものを手放すことを意味する。お母さんやお姉さんの労働を家族の未来や夫、子どものための、副次的な労働と見做してきた図々しさを捨てることが、まず先だ。「外泊」のお母さんたち、お姉さんたちは、人生の中で忘れ去られていた「物語」を少しずつ取り戻していった。これは、ただの物語ではなくて、歌になるほど、小説として書かれるほどの物語になりつつある。五〇〇日の闘争を経験した彼女たちは、今まで家族の裏庭へと追いやられていた若かりし頃の夢を、それぞれの色で塗り始めている。今度は私たちが彼女らの生き方を支持すると声援を送る番だ。「私もあなたの外泊を支持する、あなたの人生の可能性を肯定する」と。今日、電話して伝えなくちゃ。

*42　二〇〇三年月、駐韓米軍は世界的な米軍再編の一環として、ソウル市内の龍山にある基地の返還と、その他の基地を統廃合し、平澤（ソウルの外郭）の米軍基地を在韓米軍の拠点とする計画を発表。基地拡張予定地の住民が立ち退きに反対し、闘争を展開した。同地で土地収用に反対する住民の多くは七〇歳以上の高齢者で、彼らは日本の植民地時代にもともとの生活基盤を奪われたうえに、その後の米軍の駐屯によって再度土地を奪われるという経験をしつつも、干潟を干拓して肥沃な農地を作って生活してきた。今度で三度目となる強制収用への反対には平和・人権運動団体も多数合流し、一大闘争を繰り広げたが、二〇〇七年二月に住民は立ち退きと政府による生活支援に合意し、事態は「収束」した。

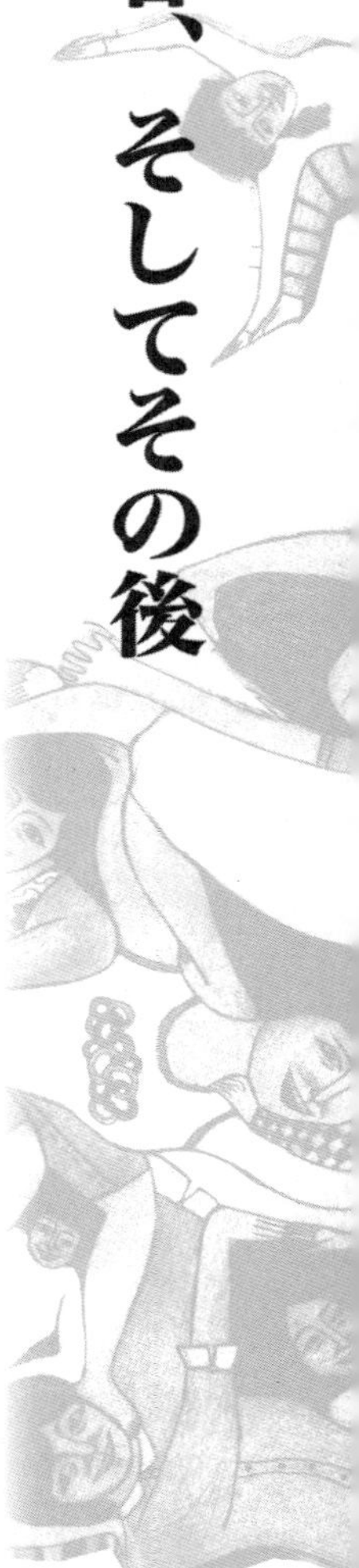

春、そしてその後

我が友の家は一体どこに
——二〇〇七年六月、上岩《サンアム》支店での集団外泊事件が私たちに残したもの

トゥルサラム（本冊子編集委員／ソウル西部非正規労働センター会員）

1

「（これから）職場からどこに脱出するのか……、解雇者の出口はどこなのでしょうか？」

イ・ギョンオクさん（ホームプラス解雇労働者、前ホームプラス労組副委員長）はこのように反問する。生涯初の「脱出口」だった結婚を軽く足蹴にして、今度こそ脱出口らしい脱出口を探している最中だという。消耗品扱いやピンハネをやめろと言った罪で職場から「ぜひ退社を」と迫られてから早一年。彼女にとってはもはや「職場」も脱出口ではない。この言葉には、二重の意味が込められている。かつて職場こそが出口だとばかり思っていた自分は死んでしまってもういないという意味であると同時に、きっと実現されると思っていた「復職」または新しい職場が、果たしてすべてを解決してくれるのだろうかという意味である。

　キム・ソヨン氏（キリュン電子[*43]解雇労働者、キリュン労組分会長）が一緒に解雇された労働者たちと加山洞《カサンドン》[*44]で繰り広げていた闘いも、よくよく考えればこのような問いと切り結ばれている。二〇〇七年夏、イーランド一般労組の上岩《サンアム》支店での外泊が世間の注目を受けるはるか前のことだった。「本当に、キリュン以外に私の行き場はないのか」と言いつつ、キリュン電子のグローバル労務管理構想に立ち向かい、あんなにも長期間闘った理由とは？　取り立てて複雑なものではなかった。「問題は（どこに）行っても同じ」だから「誰であれ異議申し立てしなければダメな問題」だからだった（もちろん、不特定多数のうちのかなり多くの人は、同じ理由で各自の現場においてさえ彼／女らを応援・支持できなかったばかりか、「わめく」のもいい加減にしろと嫌味に満ちた冷笑をするのが関の山だったが）。ここには「それまで私たちのしてきたことが余りに悔しくて……なだめなくてはならない怒り」が当然に染みわたっている。家に帰ればぐったりした体も、「現場」に出れば連帯する人々と笑い語らい合って身軽になりもしたが、家ではこんな怒りを自分の生きる証としておくびにも出せなかったからだったのだろう（この時、「楽しい我が家」という誰であれ夢見るものは、誰かにとっては確実に悪夢を呼ぶ陰鬱な流刑地でもありうる）。

　もちろん、自分なりのやり方で積極的な自己肯定の垣根を越える人々は、一人や二人にとどまらなかった。実際、それゆえである。人々の声に喜び、時に水を得た魚のように浮き立っていた心も、小さな水槽に押し込まれた魚たちが酸素不足でぐったりしていくかのごとくであった。映画「友だちのうちはどこ」[*45]で、主人公アハマッドは親友のモハマッド・ネマツァデェのノートを間違えて持って帰ってしまったことに気づき、彼の家に届けに行こうとするが、どんなに探しても彼の家が見つからない。アハマッドの心情もそんな感じだったろうか。モハマッドの家かと思ったら、アハマッドが探していたモハ

＊43　キリュン電子は、衛星放送受信機などを製造する企業。二〇〇五年、生産職二八〇人のうち正規職が一〇人、契約職四〇人、残りは派遣だった（派遣法上、製造業生産工程への派遣労働は違法とされていた）。非正規職労働者は会社の処遇が劣悪で不当な解雇があったと主張し、二〇〇五年七月に民主労総金属労組ソウル南部地域支部傘下キリュン電子分会を結成した。同年八月から一〇月までストライキを行い、非正規職処遇改善および正規職化、会社側が提起した訴訟の取り下げを条件とする団体交渉を要求した。しかし会社は労組に加入した労働者を解雇する。その後労組は一〇〇〇日を越えるテント篭城およびデモを継続し、二〇一〇年一一月にようやく労使合意がなされた。韓国における非正規職撤廃闘

マッドの家ではない。いったい、友達のうちはどこにあるのか！

いや、こうも言えるだろう。占拠ストや闘争の過程を経て彼／女たちの身体から湧き出た喜びと「新たな視角」という感覚をいかに名付けるべきか。まるであちこちに飛び散ったままでいるドラゴンボールでも探すかのようだとも言おうか？ ひとつひとつがどれだけ貴重なものだとしても、結局、全部集めないと神龍《シェンロン》を呼び出すことはできない。彼／女たちの新しいスタート地点は線であって、線から面へ、面から立体へとなかなか進展できずにいたのである。窮屈だったことは想像に難くない。

2

外泊が「夢みたい」だったとか「まさに遠足に来た気分」だったという、別の女性労働者の経験談から察することができるように、占拠ストが意味深長な出来事であったのにはすべてわけがある。労働者たちにとって多かれ少なかれ自己肯定の時空間であったということ、すなわち「よい生き方」を能動的に自己表現する契機を形成しえたからである。うんざりするような労働時間に比べれば、それこそ瞬間的にかもしれないが。この解放の瞬間をどのように永続させることができるのか？ （労働）運動は、その本質上、このような根本的な問いをまるで夜空に濃く広がる銀河のように撒き散らしてしまう。

だからこそ、このような運動はグローバルCEOたちや、彼らとそれこそまさに雌雄同体の官僚・議会のエリートたちにとっては迷惑なことこの上ないのだ。彼らのすべてが懸かったこの世界の富と繁栄、発展を煽る魅力的な羨望と、労働者の大多数が普遍的に経験する酷い絶望の風景。一見まるで異なる二つの風景は、結局、同じプロセスの別の側面であるにすぎないことを、運動は非常にクリアに、しかも度々露わにしてしまうのである。万国のCEO／官僚エリートたちが、労働者が永続化しようとするこ

争の象徴的な存在として知られる。
＊44　ソウル西南部にあり電子工業地域として有名。
＊45　一九八七年、アッバス・キアロスタミ監督、イラン映画。韓国での公開は一九九六年。

と――すなわち自己肯定――に、「違法」のカードを突きつけて種の時点で枯らそうとしたり、それが上手くいかなければ、手なずけようと労苦を惜しまないのは、まさにこのためである。戦闘警察隊と「救社隊」[46]やお雇い警備員のチンピラのように、公私の境界を行き来してなされる物理的暴力など彼らにとっては朝飯前で、さらにはたとえば龍山《ヨンサン》惨事[47]の当事者たちが「テロリスト」視されて捕まったように、際限なき資本蓄積の都合に合わせられた法的・制度的・象徴的土台として「構造的暴力」を使うことだって造作なくやってのける。だからといって、もちろん、イ・ギョンオク氏やキム・ソヨン氏のような「非凡なる凡人」の自己肯定的反乱がすでに示しているように、ただ万国の労働者が一斉に口を閉ざして本分を死守することも皆無だろうが。

ところが、このような労働者たちの自己組織化の動きに転覆の潜在力が秘められているからであろうか。とくに、外泊後、彼／女たちが占拠ストの中でそれぞれ体に刻んだ自己肯定の記憶は、むしろ「現場に帰った」今、その生気を目に見えて失っているようである。いや、ある意味、まさにそうだからこそ、まるで失った時間を取り戻すことさえ儘ならないまま、放置されているのかもしれない。ホームエバーからホームプラスへと職場の看板は変わったが、労働組合の看板まで下ろすことなったわけではないにもかかわらずである。なぜだろうか。

もちろん、まったく理解できないことではない。ホームプラス・サムソンテスコ。数年前の棚ボタ騒ぎで、本当に餅業界の対外イメージに壊滅的な打撃を与えたかと思えば、最近はまた系列会社の証券市場への上場によって再度湯水のように金を使っているという「もうひとつの家族」、李健熙《イ・ゴニ》ファミリー[48]の公式名称である。サムスングループ、労働者の自己組織化を真っ白なワイシャツについたキムチの赤い染みよりも醜いと考えていた、まさにそのサムスングループから分裂増殖した株式会社ではないか（今でこそ、突然降って湧いたグローバル恐慌によってぐらつきの兆候を見せるイギリスのテスコグルー

＊46　「会社を救う組織」の意味。会社側に立って労組に対抗する非組合員たちの会を指す。

＊47　二〇〇九年一月二〇日にソウルの龍山区で起きた事件。再開発計画による立ち退きに反対してビル屋上を占拠し立てこもっていた住民および全国撤去民連合会（撤去民とは、開発計画地から立ち退きを迫られた人々を指す）の会員と、警察やお雇い用心棒の間で起こった衝突を指す。衝突のなかで火災が発生、撤去民五人と警察一人が死亡、二三人が重軽傷を負った。占拠した側は火炎瓶などを準備していたが、警察／用心棒側の放火の疑いが発覚し、警察側の弾圧の手法が問題視され、一大ニュースとなった。

＊48　李健熙はサムスングループの前会長。

プの持ち分のほうがはるかに大きくなったが）。なんせこんな職場だから、労組をつくって耐え抜かねばならないような有形無形の圧力も酷く、相当な苦境に置かれているであろうことは想像に難くない。

百歩譲って、そうだとしよう。組合員たちの原状復帰後にかろうじて聞こえるホームプラス労組の現状に触れれば、厳しいというか、複雑な心情を禁じえない。しかし、非正規・不安定労働というアジェンダを世論化し、広範な支持と声援、連帯まで導き出した労組だ。なんでまた腫れものにでも触るような扱いなのか。非正規労働者問題の持続的な世論化が必要だろうという声を「コンプレックス」の発露であるかのように恥じたり、現場に戻ってきたのだからもう長期ストによる業務上のブランクを埋めることだけ考えようというような声も聞かれる。いや、なぜ組合員たちが外泊をしていたのか、もう忘れてしまったのだろうか？　ホームエバー時代、皆が物心もろともボロボロになり、パク・ソンスCEOの借金を事実上肩代わりしてまで得た経験[*49]こそ、実存的ブランクを埋めるためだったのではなかったか。労働過程に常に潜在するこのようなブランクを、つらくても世論化し続けることができないばかりか、今や業務上のブランクを埋める時だなんて。言動不一致じゃないか。二〇〇七年夏、上岩《サンアム》店での集団外泊という出来事に支持を送り、それぞれのできる限りで連帯しようと近くにいた人間として苦言を呈するものであるが、これほどまでになると、埋めるべきブランクは委員長の頭にあるんじゃないかと言っても、まだ気がおさまらないほどである。

彼／女たちが戻らねばならないのは、果たして「安定した職場」や「楽しい我が家」だったのだろうか？　さて、少なくともこの二つの場が対《つい》であるようにしか思えない私の答えは、明らかにそれは違うだろう、というものだ。とすれば、積極的自己肯定の時空間を生成させた、その日常への帰還は、まだ試みられてもいないのかもしれない。ただ、労働者たちの自己組織化がその根拠を企業に求める限り、この帰還は事実上、永久に先送りされざるをえないということだけは心に刻み、乗り越えていかねばな

＊49　パク・ソンスは経営手法として「売却と買収」を繰り返してきた。負債を抱えていたニューコアを安く買収し、一五ヵ所の店舗のうち八店舗を売却、賃貸物件として買収額を回収した後、カルフール（ホームエバー）を買収。この過程でたまった負債を返すために、大幅な構造調整、すなわち労働者の非正規化と非正規職労働者の解雇が行われるのである。「パク・ソンスCEOの借金を事実上肩代わり」とは、このような経営手法によって犠牲となるのが常に労働者であったという事態を指す。

らないだろう。

3

運動、なかでも労働運動の危機が言われるようになって久しい。しかしここで重要なのは、いかなる危機なのか、という点だろう。それをはっきりさせるためにも、悩みのアウラとしてのみ危機を使いこむのはもうやめにした方がよい。故盧武鉉《ノムヒョン》が右往左往したとか[*50]、2MB[*51]のバグが酷すぎて労働運動も難しいと、こんな状況での「分裂」は裏切りでしかないといって「団結」だけが生きる道だと青筋を立てたりもする。しかし、こんな考え方は、あの基本骨組みと非常に似ている。何のって？　いわゆる「サンドイッチ危機」論だ。すなわち、（誰かにそう言えと押し付けられたわけではないが）中国や日本に挟まれたままで起業するのがどれだけ難しいかと言いつのり、労働者たちの自己組織化の余地はさしあたり置いておこうというグローバルCEOたちの八〇年代的メロディーと全く同型であるということだ。どちらにしても、労働する者たちの新しい自己組織化が常に分裂に直結するわけではないだろう。運動の外側ではなく内部から、そうして画然と変化した土台と状勢に合わせた実践的挑戦としては何があるのだろうかと掘り下げるきっかけとして、危機を捉えねばならないのではないかということである。

企業組織の本領がそもそも雇用ではなく利潤創出であるという事実も、この過程で改めて確認せねばならないポイントであろう。民主労総自体が明らかにひとつの運動だった局面と今とでは大きく現実の条件が異なるし、既存の民主労組が特定企業や産業全般が提起する雇用問題の二番煎じに甘んじないでいられるのかということから、点検し問い直すべき時だと思うのである。「会社を本当に食わせているのは労働者」という理由で、たとえば、「私が愛しているのは現代自動車やサムスン電子という職場で

＊50　左派大統領として当選したものの、後期は右派的な（新自由主義的な）政策を肯定・推進したため、左派から右派へと行ったり来たりしていた状態を皮肉っている。

＊51　2MBは李明博のこと。韓国では大統領の名前のアルファベットの頭文字をとって呼ぶことがある。李明博（Lee Myung Bak）はMB、金大中（Kim Dae Jung）はDJである。韓国語で数字の二は「イ」と発音することから、李MBで「2MB」となる。若者たちが李明博政権を批判して「大統領の頭は2メガバイトしかない」というように使い流行した。

あって、現代の鄭氏〔現代グループの会長〕やサムスンの李氏〔サムスングループの会長〕の一族ではない」と口にしなくとも、あるいはグローバル競争力や先進化構想などに邁進しなくとも、自分を肯定するのに十分な、そんな独自の自律的な「帰属感」とは何かを問うことから初めてみてはどうだろうか。「現場」はもはや職場ではありえず、何よりも職場であってはならない情勢のなかにあって、「現場」の再定義が不可避になってきているのである。

ひたすら利潤しか見えない企業的合理性に鼻輪でつながれないような「まともな暮らし」を私たちは、あるいは大企業の労組は、どれだけ奨励してきただろうか？　企業論理と生の論理が衝突するとき、企業の方に見切りをつけることなど別段恐れることもない、そんな帰属感があっただろうか？　ともあれ、大局的にあるいは長い目で見れば、この帰属感を高揚・持続できる組織がひとつでも存在するということこそ、ハリウッド映画ばりのアクションには長けるが経済力の強化や先進化論に対しては組織編制の面で非常に弱い大企業の労組組織が一〇個集まるよりも、はるかに大切なものだということは明らかだろう。

では、そのような帰属感を培い、育てる組織化とはどのようなものであり、自分の墓穴を掘る資本の手下を永遠に眠らせるような騒々しい反乱と異端の文法をどのように紡ぐことができるのだろうか？その文法が緯線となり、自己肯定という解放の経験が経線となり、両者が交差するとき、私たちが望んでやまない政治、すなわち「まともな暮らし」を自ら作り出し持続させる実践の技は、より密で魅力的に紡ぎだされるのではないか？　これに関してきちんとした討論も展望もなく、これまでやってきた実践の「正しさ」や「団結」という当為のみを掲げる労働組合強化論は、結局、悪循環の輪のなかで一生懸命ぐるぐる回ることにしかならない。それが仮に産業別労組といったかたちであれ、あるいは「国民とともに」といった形であれ、結果は同じであろう。基本だからとか初心に戻ろうとかいう主張も好ましく思えないのは、決定的な二%が不足しているからである。基本/初心と呼びうるものが引っ張り出される物的土台および条件からして変化したのである。基本や初心でさえ、実際のところ固定不変なものではない。

このような状況に(弱くは心情的・迂回的支持から、強くは多種多様な直接行動にいたるまで)介入せずしてよい暮らしを望むだなんて、さて、どうだろうか? 怖がらせようというわけではなく、怖がらせようとしたからって誰も怖がってくれないかもしれないが、強いて言えば、「花のふりした怪物」のような時代が続くことに、意に反しつつも乗じてしまおうというダメ押しと似たり寄ったりではないのか?

だからこれは、あなたと私、おそらくは「私たち」の物語なのである。

テント籠城日誌

——斬新淡泊愉快爽快な日誌ですよ^^

イーランド一般労働組合

二〇〇八年七月五日

大雨なのにメチャクチャ暑い。

徹夜する人はおらず、ムンホンと二人でテントを守らねばならないようだ。一日当たり二〇〇人の女。がんばれ。

午後九時一〇分頃、がけっぷちで叫んでるみたいな声にびっくりした。（ワールドカップ）競技場でサッカーの試合をしているみたいだ。

蒸し暑いテントで非正規労働撤廃を主張する私たちと、競技場を飛び回るボールに歓呼する人々のコントラストが、現実じゃないみたいだ。ちょっとだけ映画の中に入り込んだような錯覚を覚えた。

☆ヤツら（ホームエバー）が電気をもっていった。

二〇〇八年七月八日

刺すようなこの暑さ……。

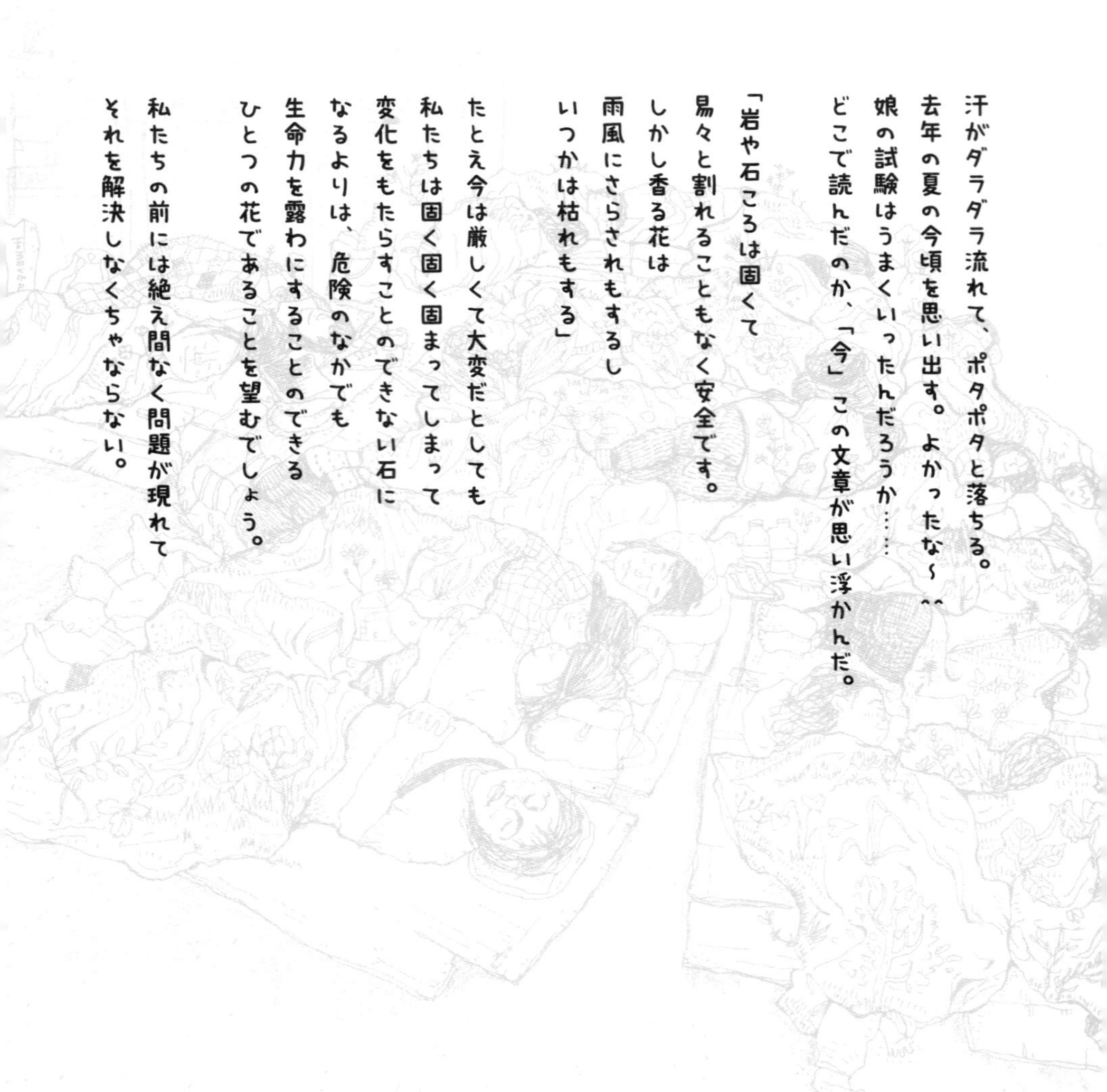

汗がダラダラ流れて、ポタポタと落ちる。
去年の夏の今頃を思い出す。よかったな〜^^
娘の試験はうまくいったんだろうか……
どこで読んだのか、「今」この文章が思い浮かんだ。

「岩や石ころは固くて
易々と割れることもなく安全です。
しかし香る花は
雨風にさらされもするし
いつかは枯れもする」

たとえ今は厳しくて大変だとしても
私たちは固く固まってしまって
変化をもたらすことのできない石に
なるよりは、危険のなかでも
生命力を露わにすることのできる
ひとつの花であることを望むでしょう。
私たちの前には絶え間なく問題が現れて
それを解決しなくちゃならない。

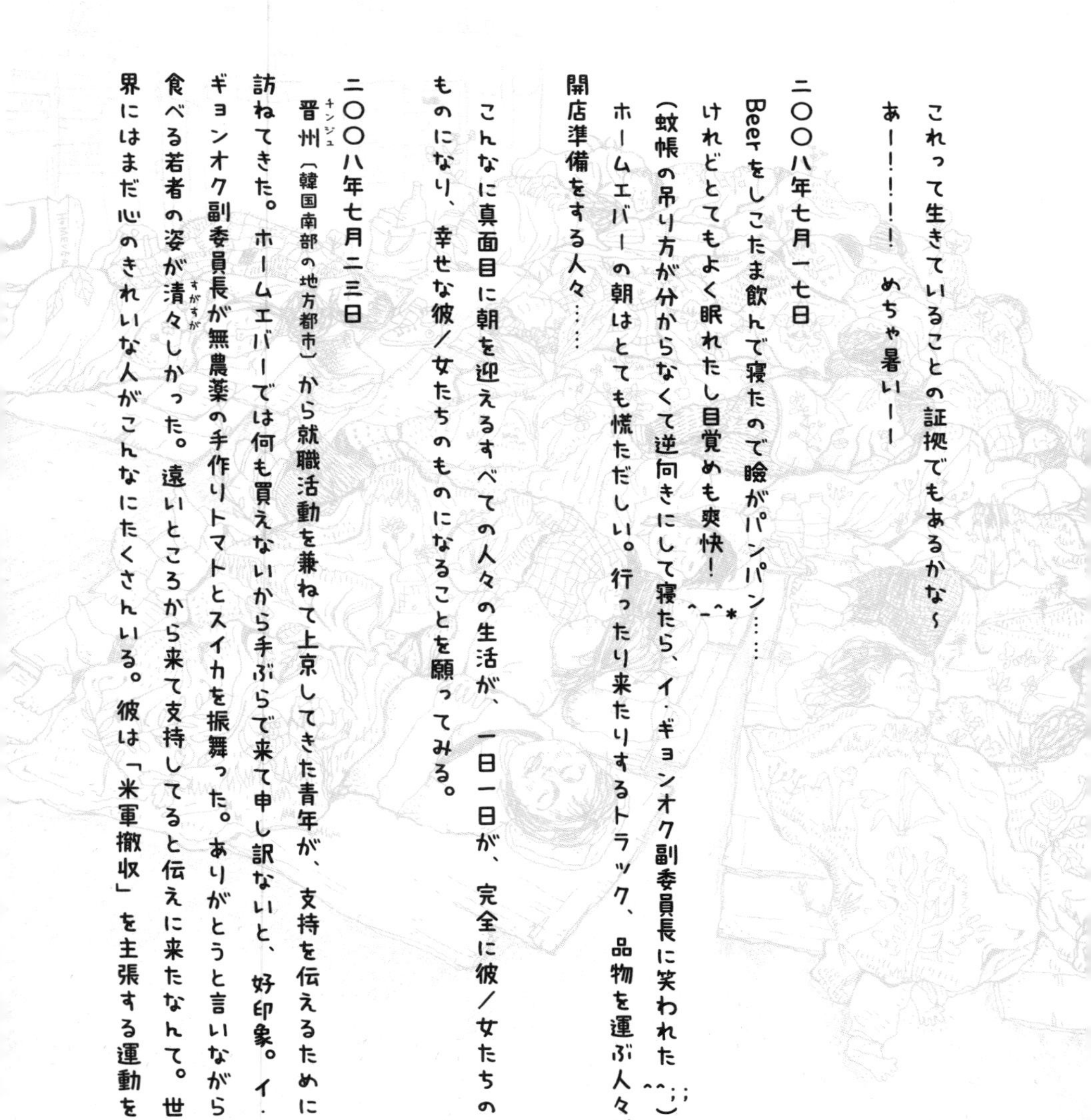

これって生きていることの証拠でもあるかな～
あー！！！！　めちゃ暑いーー

二〇〇八年七月一七日
Beerをしこたま飲んで寝たので瞼がパンパン……
けれどとてもよく眠れたし目覚めも爽快！^-^*
（蚊帳の吊り方が分からなくて逆向きにして寝たら、イ・ギョンオク副委員長に笑われた^^;）
ホームエバーの朝はとても慌ただしい。行ったり来たりするトラック、品物を運ぶ人々、
開店準備をする人々……

こんなに真面目に朝を迎えるすべての人々の生活が、一日一日が、完全に彼／女たちのものになり、幸せな彼／女たちのものになることを願ってみる。

二〇〇八年七月二三日
晋州《チンジュ》（韓国南部の地方都市）から就職活動を兼ねて上京してきた青年が、支持を伝えるために訪ねてきた。ホームエバーでは何も買えないから手ぶらで来て申し訳ないと、好印象。イ・ギョンオク副委員長が無農薬の手作りトマトとスイカを振舞った。ありがとうと言いながら食べる若者の姿が清々《すがすが》しかった。遠いところから来て支持してると伝えに来たなんて。世界にはまだ心のきれいな人がこんなにたくさんいる。彼は「米軍撤収」を主張する運動を

せせ笑っていたと言った。デモをする人なんか嫌いだったという。しかし父親が労災に遭ってからは、考えが変わったそうだ。人は直接経験しなければ本当に変わらないものだということだ。とても有難い青年だ。

二〇〇八年八月三日

前日から徹夜で篭城していたイ・ナムシン主席が日曜日の遅番（面牧《ミョンモク》分会）まで責任者（?）にされるという大変な状況が気がかりで、まじめに家事をやって二時くらいにテントに到着！

うちの子は成人したけど、今日は、お母さんはなんであんまり家に帰ってこないのかと問い詰められて出てきた状態……。週に二度くらいの徹夜篭城だけれども、母が家にいないのがイヤみたい！　とにかく、年数にして七年間、自分の個人生活もあきらめていたのに、労組活動に専念（?）する私のことを理解するのは大変なんだろうな。けれど私の背を押してくれて、一生懸命自分の道を切り開いていく子どもたちがいるからこそ、私もここまでやってこれたんじゃないかと思う！

久しぶりにイ・ナムシン主席も御夫人をディナーに誘ったとのこと、うれしいな。六時ごろ、帰宅途中に通りかかった人が本を一冊買ってくれた。

二〇〇八年八月一二日

久しぶりの徹夜篭城。七月には週一でやろうとして夫と交渉までしてようやく勝ち取ったのに、徹夜篭城の初日に会いに来て駄々をこねていた一番上の子が、その次の日に髄膜炎になって大変だったせいで、まったくできずにいた。子どものせいだからと同志たちは理解してくれたけど、三日も空けずに徹夜籠城する、私を除いた三人の役員たちには、どれだけ申し訳ないことか。

今日は教会修練会なので夫が子どもたちを連れて洪川《ホンチョン》に行ったから、気楽に徹夜籠城できた。面牧《ミョンモク》文化祭（註40参照）を終えてテントに戻ると、レジ台の姉さん二人が嬉しそうに迎えてくれる。姉さんたちを見送ってから、私に会いにわざわざ来てくれた雑誌『クジラがそう言った』*52のソン・チャングク同志と語り合った。横では進歩（新党）恩平区《ウンピョン》の同志たちが教育監*53選挙の評価会議をしている。十二時から続いている打ち上げ——久しぶりにゆったりした時間だ。夜通し大雨だった。そのなかでも私はお姫様（?）のように蚊帳の中でぐっすりと眠って、イ・スヒョン、ユ・ドンホ同志が気苦労なことにテントを死守するために雨が降り込まないかとテントを下げ気味にして周辺を巡察（?）する。とてもありがたい。

朝起きてモーニングコーヒーまで淹れてくれたので、飲んで見送った。うひひ。あたしは幸せもんだ。昨晩語り合ったこともよかったし、なんだか胸があたたまる。

二〇〇八年九月八日

一緒に籠城したソン・ミョンソプ同志が面牧《ミョンモク》へと発ち、一人残った。

佛光《プルグァン》川の岸辺を散歩がてらのんびり歩いた。

スト四四四日目。

「四」が三つだ。吉かな。*54

＊52　競争教育に反対し、自由ではつらつとした子ども教育を考える雑誌。

＊53　教育監とは各地方自治体の教育および学芸関連業務をおこなう自治体教育庁の長のこと。

＊54　数字の四の発音「サ」が死（サ）と同じであることから不吉な数と考えられているが、この認識は日本の植民地以降、根付いたものであると言われている。韓国で数字の四は完全性を表す吉数である。

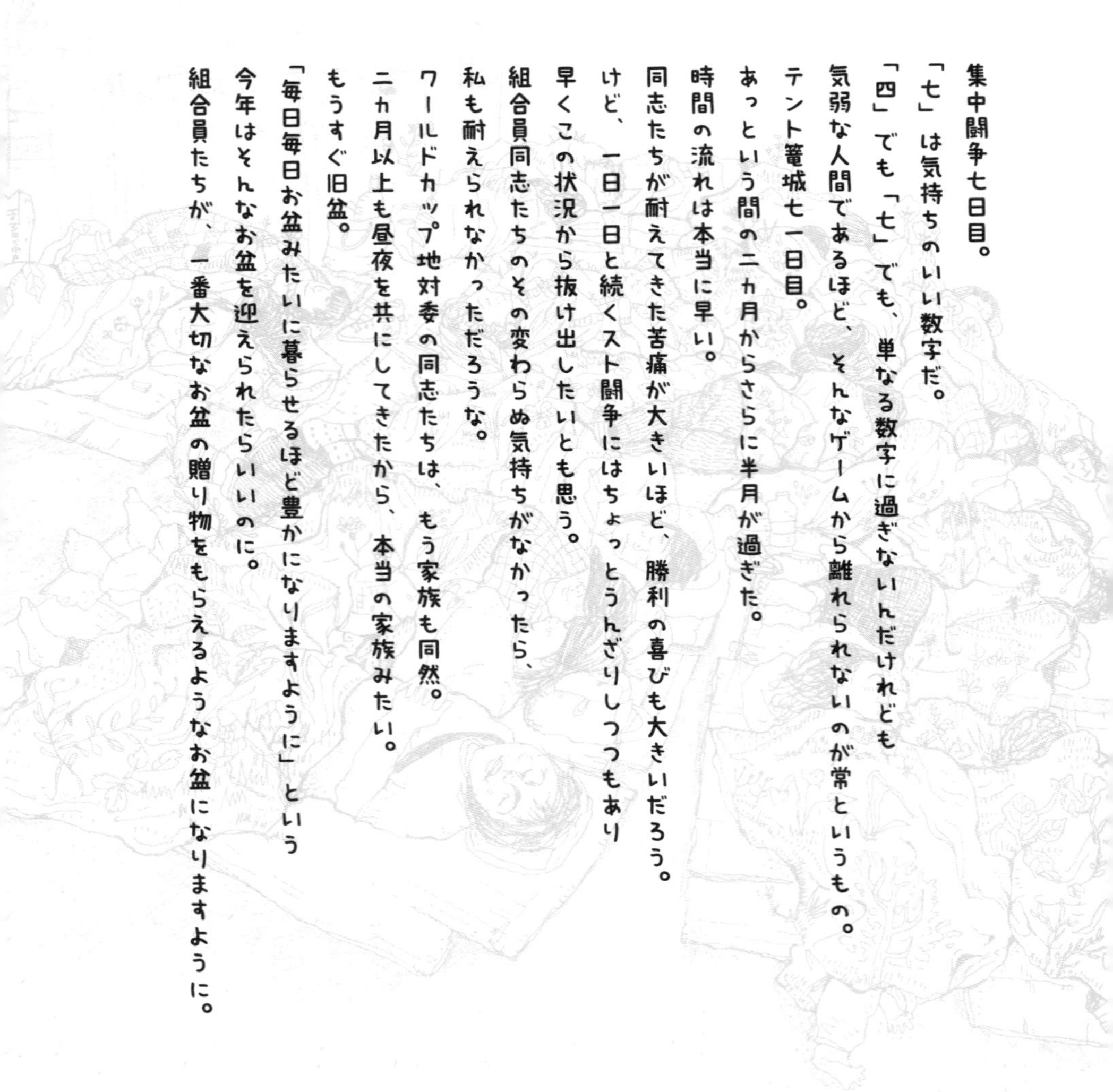

集中闘争七日目。
「七」は気持ちのいい数字だ。
「四」でも「七」でも、単なる数字に過ぎないんだけれども
気弱な人間であるほど、そんなゲームから離れられないのが常というもの。
テント篭城七一日目。
あっという間の二ヵ月からさらに半月が過ぎた。
時間の流れは本当に早い。
同志たちが耐えてきた苦痛が大きいほど、勝利の喜びも大きいだろう。
けど、一日一日と続くスト闘争にはちょっとうんざりしつつもあり
早くこの状況から抜け出したいとも思う。
組合員同志たちのその変わらぬ気持ちがなかったら、
私も耐えられなかっただろうな。
ワールドカップ地対委の同志たちは、もう家族も同然。
二ヵ月以上も昼夜を共にしてきたから、本当の家族みたい。
もうすぐ旧盆。
「毎日毎日お盆みたいに暮らせるほど豊かになりますように」という
今年はそんなお盆を迎えられたらいいのに。
組合員たちが、一番大切なお盆の贈り物をもらえるようなお盆になりますように。

二〇〇八年一〇月五日

イーランド闘争以外には、初めて経験する闘争(?)……

キリュン電子の文化祭に行ってきて、昨日は少し深刻な状況を見てきたので……「闘争」って…… 労働者として生きるって、本当に怖いし、難しいし、大変だ。見てきただけでもそう思う。けれどもずっと闘い続けてきた人たち…… とても尊敬する。それに、痛い。キリュンで怖がって、泣いて、闘おうとして体中疲れて、つらい気持ちだったけど、イーランドのテントに帰ってきて、そんな心と体も癒されたみたい。(キリュンの人たちこそ)癒されなくちゃならないのに…… イーランドのテントを「勝利」の名によって、皆で一緒に撤去する日を夢見る。絶対にその日が来ますように…… そしてキリュンのテントやコンテナも、彼ら・彼女らが自分の手で畳むことができますように…… そんな世界が夢でないことを祈りつつ……

騒がしかった試合も終わって、人がワーっと出てくる。このノートも、もう最後のページだ。

編集後記

女性の外泊は反逆であり、私たちが一緒に寝るのはタンゴだ——ミレ

えいっ！　外泊だけが害悪になるこの汚い世界！——トゥルサラム

お前が誰であれどこで何をしていても……外泊してね〜——赤亀

一緒に外泊しようよ。事件を起こそうよ。ふふふ——ハヤン

女性たちよ！　つねに外泊を夢見よ！——イ・ギョンオク

日本語版に寄せて

何もかも引っ提げて、外に泊まろう

栗田隆子（女性と貧困ネットワーク）

「書を捨てよ、街へ出よう」と寺山修司はかつて言った。しかし、私がこの映画を見て感じるのは、何も捨てる必要はない。何もかも引っ提げて、外に出ることが、如何に物凄い力となるかというメッセージだ。ストライキを続けるべきかどうかという迷いも、家族への思いも、警察への怖さも、スクウォットがお祭りのように感じる楽しさも、彼女たちを排除しようとする警察に対して息子のように声をかけてしまうお節介さも、そして、「良き妻」「良き母」でなければならないという、抑圧的にすら思える価値観も、とりあえず何もかも引っ提げて女性たちが集まり、働く現場という〈外〉に留まるということ。それだけでものすごい革命的なことなのだと、この映画は告げている。

ありがたいことにこの映画の上映会に解説役として呼ばれる機会を私は数度、いただいた。そしていろいろな人々とこの映画を見て、感想を分かち合った。労働組合で長年闘ってきた女性たちとこの映画を見たときは、日本においても大きな組織の組合がいかに正規雇用中心であるかを教えてもらった。東京・渋谷にある宮下公園（二〇一〇年九月に行政による強制封鎖がおこなわれた）では、集団で女性たちが集まり、それこそ公園のなかで話し込み、夜を明かした。メディアセンターで市民の方々と見たときは、この映画から発ずるうねりのような力に圧倒されている姿が印象的だった。さらに印象深かったのは、ある著名な大学でこの映画の上映会が行われたときの学生からの感想だ。彼女は、言葉を選びながら、しかしはっきりと「このような大量解雇が行われる前に、何か自分たちでできることがあったはずではないか。アルバイトだって、自分たちの裁量で店の運命が決まると店長に言われる。何か彼女たち自身でできることがあったのではないか」と話した。

まさかこの映画を見てなお「自己責任論」が出てくるとは、と驚いたが、私はとっさにこう答えた。

「なるほど。しかし、労働者の事情を一切汲とらない、突然の会社都合の大量解雇に対して個々人でできることはあまりに少ないのではないでしょうか。ところで確認のためにこちらから質問したいと思うのですが、あなたは日本にも労働組合があるのをご存知でしょうか？　大きな労働組合の名前を言えますか？　労働三権というのもご存知ですか」

彼女は口ごもってしまった。そう、私たちは労働のことについて何も知らないままに社会に放り出されている。無知のままで個人に負わされる責任だけが肥大化しているのが、この日本なのだと改めて痛感させられた。だからこそ――

この映画を見るときに、二つのことに気をつけて見てほしい。ひとつは、「韓国は女性が抑圧されているけれど、日本はまだマシだからストライキが起きない」のではないということだ。日本の女性の非正規雇用率は全体の女性労働者の半数以上を占め、いまなお雇用の調整弁として労働力が利用されている。むしろ我々の国の女性に対する抑圧が何なのかを気づくキッカケに、この映画がなればいいと思う。

もうひとつはストライキや、社会に物申していくことは何か特別な信条を持った人や偉い人のものではない、ということだ。「外泊」に出てくる女性たちは、しきりに自分たちを「ただのおばさん」と語り、良き妻、良き母でありたいと語る。こう語っている彼女たちを映画で見たとき本当に驚いた。しかしその価値観を抱えたままに、彼女たちは悩みながらも外泊し続けた。そして変化もしていった。その意味についてぜひ考えてみてほしいと思う。

最後に。私はこの映画を次に見るときは、私の母と見ようと思う。母は結婚後に就いた仕事はずっとパート労働であった。そして母は結婚後、おそらく一度も一人で外泊をしたことはない。このＤＶＤを、どこかの外で母と見ること。それが次に私が解説すべき「上映会」だ、と思っている。

訳者あとがき

金友子《きむうぢゃ》（社会学・大学非常勤講師）

本書は映画「外泊」の上映委員会（韓国）が、同作をよりよく理解するために作成した冊子『外泊外伝』を日本語に訳したものである。日本語読者のために必要と思われるところには訳注をつけた。

「外泊」は、二〇〇九年に公開された韓国のドキュメンタリーで、二〇〇七年六月三〇日夜に始まった、約五〇〇人の女性労働者による超大型スーパーマーケット「ホームエバー」の占拠ストの全過程を撮った作品である。

映画を制作した金美禮《キムミレ》監督は一九六四年、韓国・忠清北道生まれで、一九九七年からドキュメンタリー映画を撮り始めた。監督になってから一貫して労働問題に焦点を当て、韓国社会の歴史と現実を問う作品をつくってきた。初期の作品として非正規職女性労働者の姿を描いた「私は毎日、明日を夢見る」（二〇〇二）「同行」（二〇〇二）がある。その後も精力的に制作をつづけ、「労働者だ、ちがう」（二〇〇三）では、建設会社に雇われる労働者であるにもかかわらず、法的には個人事業者として登録しているために名目上は「社長」となり、労働者（被雇用者）扱いされない生コン運搬労働者の労働者性認定のための闘いを追った。また、「NoGaDa／ノガダ」（二〇〇五）では日本で「ドカタ」、韓国で「ノガダ」と呼ばれる建設現場の日雇い労働者の生きざまと闘いを記録した。金美禮監督の作品はテルアビブ国際ドキュメンタリー映画祭、ベルリン・アジア女性映画祭、釜山国際映画祭、ソウル国際労働映画祭、人権映画祭など、国内外の多数の映画祭で上映されている。

そして長らく建築現場というマッチョな場に身を置いていた監督が、再び女性労働者の生に焦点を当てたのが、「外泊」である。ちょうど女性労働者をテーマとしたドキュメンタリーを撮ろうとしていた監督は、さまざまな現場を取材していた時に、スーパーで働く女性たちがストに突入するとのうわさを聞きつけて現場に向かった。最初のストは二〇〇七年六月一〇日、母親のような、近所のおばさんのような、労働運動やストなんか全く知らないという人たちが大量にストに参加しているのを目にし、そのエネルギーに突き動かされたという。六月三〇日にワールドカップ競技場にあるホームエバーの売り場を一晩占拠するらしいと耳にし、「それなら私も一泊二日一緒に行こう」と現場でカメラを回しながらともに過ごした。それが映画の冒頭シーンである。レジの間を埋めるようにして寝ている女性たち。「こんな歴史的瞬間があるだろうか。ちゃんと撮らなくちゃ。……明日には終わってしまう。記録に残さなくっちゃ」(監督談)と撮り続けた監督。一泊二日だったはずのストが、その後二〇日間の売り場占拠、さらには五〇〇日以上も続く長いストの初夜になるとは思いもしていなかったという。

このストを決行したのは、もともと運動のウの字も知らず、組合活動など自分事とは思ってもいなかった、むしろ組合やストなんて怖い、そう思っていたいわゆるフツーの「おばさん」であった。一家の大黒柱という人もいたが、多くは良き妻として、あるいは良き母として、彼女らの稼ぎなしには家族の生計や子供の養育費などが厳しいために少しでも家計を支えようと働きに来ていた人々である。そんな人々がなぜ店内ストというかなりハードルの高い直接行動に出たのか。

問題の発端は、「非正規職保護法」が二〇〇七年七月一日から施行されることになった点にある、と、とりあえずは言える。同法は二年以上勤務した労働者にたいして雇用側が正規職で雇うことを定めるもので、会社側はその負担を回避するために五〇〇人以上の非正規職労働者を法施行前に解雇してしまう。しかしこれだけが原因ではない。本書にそれほど詳しく述べられていないが、イーランドの労務管理はカルフールからホームエバーへと会社の所有が移るにつれ厳しくなっていったという。たとえばレジ係は化粧の仕方まで決められており、目元はブラウン系のアイシャドー、口紅は明るい赤色を塗ることが決められていた。トイレにはほとんど行けず八時間の立ち仕事で腰痛、筋肉痛、膀胱炎を患う人も多い。八時間のレジ台で多ければ四〇〇人、少なくとも二八〇人ほどの客を相手にレジを打つ。客にとって見える店員はレジ台の労働者なので、さまざまな苦情が持ち込まれるうえに、少しでも作業が遅いと見做されればまた文句。自分の非ではないことにもとりあえず謝っておかねばならない。非常にストレスフルな労働環境である。さらには客に扮した従業員が「モニタリング」と称して常に働きぶりを監視しており、マニュアルと少しでも違えば——レジ袋を片手で渡したとか、客にニッコリ笑わなかったとか——再教育を受けさせられるといった具合である。正規であれ非正規であれこの扱いは変わらない。

一方で労務管理を強めつつ、他方ではいつのまにか正社員への道も閉ざされたことで、同じレジ台で働く人の間にも格差が広がっていった。そして非正規職の一斉解雇、である。正規職で働いていた人々も、そもそも給与や昇進など処遇の面で男性社員とのあいだに雲泥の差があったことに加えて、非正規で雇われている仲間と同じ労働をしているのに賃金や賞与に差があることに疑問を感じていた。そんななかで、隣で働いていた仲間が、いつの間にかいなくなっていく。女性たちは、仕事場にそもそもあった（女性）差別に加えて、仲間にたいする不当な解雇に怒ったのである。そして「働かせろ」という、何ともつつましい要求を掲げて立ちあがった。イーランド闘争は非正規労働者の闘いといわれるが——そしてそれは正しいのだが——、実際に加わっていたのは半数以上が正規職の女性たちだった。イーランド一般労組の中身をみてみると、八〜九割が主婦で三〇〜四〇代が最も多く、組合員一五〇〇人、うち六〇〇人が非正規（契約職）の女性労働者だった。闘争に参加した組合員のうち、正規職と非正規職は半々だったのである。これは、多くの会社が同じようなこと（雇いどめ）をしていたであろうに、それを横目に何もしない正規職が多かったこと、そもそも非正規職の人が労組に加入しにくかった状況に鑑みれば、驚くべきことである。

そうして始まった闘いは五一〇日にも及んだ。カメラはそのありのままを、運動内部の葛藤も含めて克明に記録している。シュプレヒコールのあげ方も知らず、労働歌を歌ってもリズムはバラバラといった彼女たちが、闘争のハウツーを学び、活動家として「成長」していく。ある時は「おばさん」を戦略的に使用して世論の支持を集め(「何も知らないおばちゃんがこうして闘ってるのよ!」)、あるときは「おばさん」という他称に抗して労働者として認めろと訴える(「おばさんじゃない、労働者と呼べ!」)。妻/母であり労働者である彼女たちは、運動していても二重労働を期待される。家事をしに家に戻り、ストの現場で子どもに電話をかける。闘争の長期化により離婚話を持ち出され、家計の苦しさから運動を離れる人も出てくる。「外泊」はあくまで一時的なものであって、やがて帰る時が来る。彼女たちは外泊して変わった、確実に。しかし彼女たちが帰る日常はどうだっただろうか。外泊はなぜあんなにも楽しかったのだろうか。映画が問いかけるのは、そしてこの冊子が語ろうとしているのは、まさにこの地点である。

韓国の非正規雇用は一九九七年のIMF経済危機の時の大規模な整理解雇によって急増し、二〇〇〇年代に入ってから社会的に注目されるようになった。日本と同じく、男性の非正規職化が進んだ結果として社会問題化されたのである。その後ようやく、非正規雇用の問題は女性の労働の問題として認識されるようになった。現在韓国では、非正規労働者が全労働者の半数以上を占め、その非正規労働者のうち七割は女性だと言われている。

非正規労働における女性の問題が認識され始めた背景には、女性労働者たちの闘争があった。二〇〇七年五月頃からKTX乗務員やキリュン電子、ルネッサンスホテルの清掃員などが少しずつ闘いを始めた。どれも雇用そのものを賭けた闘いだった。そんななかでイーランド（ホームエバー）闘争は特に注目を浴びたといえる。ある意味で特殊なストライキだった。まず、既存の労働運動とは違うかたちで始まった。通常、大規模なストライキを起こす際には、ナショナル・センターが中心となって闘争計画を立てて、上から闘争を率いるのが一般的であるが、イーランド闘争は労働者のなかでも不安定な層であり既婚の女性労働者が中心になった下からの自発的闘争だった。流通業界はとりわけ非正規雇用が多く組織化が難しいと思われていたが、事前に根強く組織化して長期闘争に持ち込んだ。またその過程で、地域のさまざまな団体との連帯闘争という闘いのモデルをつくった。既存の労働運動や政党運動は男性中心主義で正規職のための闘いであったが、イーランド闘争はそうではなかった。女性たちが中心となり、非正規職の待遇を主な問題とした。しかも現場は、人々の生活圏のなかにある大手スーパーマーケットだった。

イーランド闘争にたいする世論の反応は、おおむね好意的であった。闘っているのは（若い人にとっては）自分の母親のような年齢の女性である。良くも悪くも、「母親」の表象は韓国社会でとてつもない力をもっている。マスメディアも大々的に取りあげ、当時の世論調査によれば約七割の人がこの闘争を支持すると答えたという。また、労働運動そのものの地盤沈下――下火さえ消えつつある状態ともいわれる――が叫ばれるなかで、とりわけ活動・運動する人々にとっては、危機の時代における大きな希望と受け止められた。ちなみに、労働組合の組織率は、一九八九年の約二割をピークにどんどん下がり続け、現在は約一割である（そのうち女性組合員は男性の五分の一）。民主労総は自らの支持基盤の拡大のためにイーランド闘争を戦略的に利用しようとし（当初はさっさと労使妥協するように勧めていたという）、民主労働党や知識人たちは自らの良心を示すために支持宣言を送った。

五一〇日間の外泊のなかで、韓国では大統領選挙があり、総選挙があり、その中で彼女たちは多くのことを経験した。非正規職保護法の施行後も、労働者の不安定な状況は変わらない。特に女性労働者は三人に二人が非正規職として働いており、月給や福利厚生は二の次で、たとえば非正規職女性の雇用保険加入率は三七％（二〇〇九年八月現在）に過ぎない。また、以前と変わらずいつ辞めさせられるかも分からない状況に置かれている。「非正規職は身分制度」という言葉の登場に見られるように、非正規労働者は不安定な状況の中に固定化されているのである。しかし、新たな闘争があちらこちらで芽吹いているし、それに対する支持も広がっている。今や労働者全体の半数以上が非正規と言われているなかで、雇用の不安は他人ごとではない。

映画を見て単に消費するのではなく、映画に出てくる女性たちの、そして映画を見た人々の思いを共有し、語りあう場所をつくってほしいという監督の意向から、本作は劇場公開ではなく「コミュニティー上映会」といって、地域や学校、活動の場など比較的小規模な場で上映されている。こういった上映方式が、本作に限らず独立映画（テーマや制作・公開の面で権力から独立した映画のこと）の配給方法として近年よく採られている。日本でもそうだが、韓国でもドキュメンタリー映画を上映する映画館は多くなく、上映されたとしても短期間で終わってしまうか、良い作品があっても見る側がなかなか接しにくい。また、映画館の都市集中・大型化により、地方では映画に触れることも難しくなっている。さらに、独立映画の作り手にとっては、制作費の調達も大変なことである。最小限の制作費を回収しつつ、映画に接しにくい人にも観る機会を提供するために編み出されたのがコミュニティー上映会である。

「外泊」の上映会場には監督や映画に出ている女性が出向いて講演をおこなうこともあり、何らかの形で映画の感想を共有する場が設けられる。そして監督曰く「この映画を見た人は何か必ず語りたくなる」とのこと。胸の痛い話、楽しそうな運動、「韓国はやっぱりスゴイね」ではなく、なぜ「外泊」が終わらざるをえなかったのか。ぜひ映画を見て討論して欲しい。そのためにこの小さな冊子が少しでも役に立ってくれることを願う。

最後に、翻訳を快諾してくださった韓国の「外泊コミュニティー上映チーム」のみなさん、出版を引き受けてくださった現代企画室の太田昌国さん、編集を担当してくださった小倉裕介さんに感謝の気持ちを述べたい。ありがとうございました。

外泊外伝

発行　：2011年10月20日　初版第1刷1500部
定価　：1,000円＋税
編者　：「外泊外伝」編集委員会
訳者　：金友子
装丁　：吉田亮子
協力　：連連影展FAV
発行所：現代企画室
150-0031　東京都渋谷区桜丘町15-8-204
Tel. 03-3461-5082／Fax. 03-3461-5083
e-mail. gendai@jca.apc.org
http://www.jca.apc.org/gendai/
印刷所：株式会社ハマプロ

ISBN 978-4-7738-1103-2 C0036 Y1000E

DVD『外泊』

監督：キム・ミレ
韓国 /2009 年 / 73 分 / 日本語字幕付
日本語版 DVD 制作・販売：FAV 連連影展
5000 円（個人価格）
20000 円（ライブラリー価格）

絶賛発売中！

結婚してから
今日が初めて
外泊した日

2007 年 6 月 30 日夜、500 人の女性労働者たちが韓国ワールドカップ競技場にあるホームエバー・ハイパーマーケットのカウンターを占拠した。翌 7 月 1 日「非正規職保護法」が施行。ホームエバー社は法の施行を前に大量解雇を行い、女性たちはその差別的扱いに怒り、立ち上がった。『Weabak：外泊』は、510 日間続いた女性労働者たちの闘いを描く。女性たちはマーケットに毛布を敷きつめ、家を離れ、「外泊（泊まり込み）」を始めた。食料を持ち寄り調理し、互いの思いを語り合う。歌い、踊り、泣き、笑い、労働闘争はいつしか家族的役割からの解放の場を生み出す。